최신

조리기능장
한식 실기

그대 꿈꾸고 있는가?
인생길의 중반에서 나의 길을 돌아보다.

요리사의 꿈을 쫓으며 35년이란 시간, 요리는 무엇인가 고민하며 쉼 없이 달려왔습니다.

막연한 요리사의 길, 한 걸음 한 걸음 나아가기에는 내가 아는 지식으로는 부족했고 도움을 받기도 어려웠습니다. 그럴수록 저는 요리의 현장에서 저만의 요리사의 길을 걷기 시작했고, 수없이 실패를 맛보기도, 수없이 감동과 환희를 맛보기도 했습니다.

요리에 녹아든 35년의 삶. 남은 삶도 요리에 녹아드는 것이 저의 꿈입니다.

"맛의 품격을 담다"

맛을 위한 장인의 멋, 35년의 외길 인생이었습니다.
세월 따라 변하는 맛의 품위를 찾고자 노력하는 시간은 행복이었습니다.

저와 같은 길을 걷고자 하는 미래의 후배들에게 조금이나마 도움이 되고자 저의 열정과 노하우를 담아 실전과 시험에서 유용할 수 있도록 이 책을 준비하게 되었습니다. 한국 전통음식은 사계절 변화와 풍부한 식재료를 사용하여 독창적이면서도 우수한 조리법을 통하여 오랜 세월 전승되어온 자랑스런 음식입니다. 한국 전통음식은 세계 속에서 발전하고 있으며 전통과 현대 한식이 발전할 수 있도록 한 방향으로 지혜를 모아야 할 것입니다.

이 책은 한국 전통음식의 전반적인 기초와 이론을 바탕으로 저자의 다양한 활동과 경험을 살려 일반인도 쉽게 이해할 수 있도록 하였고, 조리전문가들은 기능장 준비와 실력 향상에 도움을 줄 수 있도록 하였습니다. 특히, 조리기능장 한식 실기의 요구사항, 만드는 과정을 꼼꼼하게 정리하여 이해가 쉽도록 하였으며, 조리의 기술적인 부분을 상세히 설명하여 조리 지식을 향상하도록 하였습니다.

제1부에서는 한국 음식 문화의 특징, 제2부에서는 조리기능장 한식 실기 131품목(밥 조리, 죽 조리, 국·탕 조리, 찌개 조리, 전·적 조리, 생채·회 조리, 조림·초 조리, 구이 조리, 숙채 조리, 음청류 조리, 김치 조리, 찜·선 조리, 전골 조리, 면류·만두류 조리, 한과 조리, 마른 찬류), 제3부에서는 조리기능장 한식 실기 기출문제를 상세하게 정리하였습니다.

저의 독자가 되어준 여러분! 모두 합격의 꿈을 이루시길 기원합니다.

국가공인 조리기능장 이우철
Korea Master Chef

목 차

**제1부
한국 음식 문화의 특징**

14
1. 한국 전통 음식 문화의 다양성
2. 한국 전통 음식의 양념과 고명

**제2부
조리기능장
한식 실기 131품목**

32 | **Chapter 1. 밥 조리**
골동반_32 | 닭온반_34 | 영양밥_36

38 | **Chapter 2. 죽 조리**
녹두죽_38 | 대추죽_40 | 백합죽_42 | 버섯죽_44 | 전복죽_46
타락죽_48 | 호박죽_50 | 흑임자죽_52

54 | **Chapter 3. 국·탕 조리**
게감정_54 | 도미면_56 | 면신선로_58 | 무맑은국_60
아욱국_62 | 용봉탕_64 | 임자수탕_66 | 삼계탕_68
신선로_70 | 조랭이떡국_72 | 초교탕_74

76 | **Chapter 4. 찌개 조리**
명란젓찌개_76 | 오이감정_78

80 | **Chapter 5. 전·적 조리**
녹두빈대떡_80 | 느타리버섯산적_82 | 양동구리_84 | 연근전_86
사슬적_88 | 삼색전1_90 | 삼색전2_92 | 장떡_94 | 장산적_96
파전_98 | 해삼전_100 | 김치적_102

104 | **Chapter 6. 생채·회 조리**
깨즙채_104 | 닭겨자냉채_106 | 대하잣즙냉채_108 | 도토리묵무침_110
메밀묵무침_112 | 메밀전병_114 | 새우겨자채_116 | 소고기편채_118
수삼말이_120 | 우엉잡채_122 | 무말이강회_124

126 | **Chapter 7. 조림·초 조리**
연계초_126 | 갈치조림_128 | 삼합초(삼합장과)_130

132 | **Chapter 8. 구이 조리**
대합구이_132 | 떡갈비구이_134 | 소갈비구이_136
오징어솔방울구이_138

140 | **Chapter 9. 숙채 조리**
월과채_140 | 숙주채_142 | 죽순채_144 | 취나물무침_146 | 밀쌈_148
삼색밀쌈_150 | 구절판_152 | 도라지대추나물_154 | 어채_156
양지머리편육_158

160 | **Chapter 10. 음청류 조리**
원소병_160

162 | **Chapter 11. 김치 조리**
꽃게김치_162 | 보쌈김치_164 | 석류김치_166 | 숙깍두기_168
장김치_170 | 호박지_172 | 고추소박이_174

176 | **Chapter 12. 찜·선 조리**
가지선_176 | 궁중닭찜_178 | 꽃게찜1_180 | 꽃게찜2_182
닭북어찜_184 | 대하찜_186 | 대합찜_188 | 도미찜1_190 | 도미찜2_192
두부선_194 | 떡찜_196 | 어선_198 | 오징어순대_200 | 죽순찜_202

204 | **Chapter 13. 전골 조리**
두부전골_204

206 | **Chapter 14. 면류·만두류 조리**
골동면_206 | 온면_208 | 겸절병_210 | 굴림만두_212
규아상(미만두)_214 | 난만두_216 | 메밀만두_218 | 병시_220
삼색석류탕_222 | 석류탕_224 | 어만두_226 | 준치만두_228 | 편수_230

232 | **Chapter 15. 한과 조리**
감자정과_232 | 강린_234 | 개성수악_236 | 계강과_238 | 삼색과편_240
당근정과_242 | 대추초_244 | 도라지정과_246 | 떡수단(오미자)_248
만두과_250 | 모약과_252 | 밤초_254 | 삼색매작과_256 | 매작과_258
생강정과_260 | 서여향병_262 | 섭산삼_264 | 찰수수부꾸미_266
찹쌀부꾸미_268 | 약식_270 | 연근정과_272 | 우메기_274 | 율란_276
잣구리_278 | 잣박산_280 | 조란_282 | 삼색주악_284 | 주악_286
편강_288 | 호박송편_290

292 | **Chapter 16. 마른 찬류**
마른안주(은행꽂이, 다시마 매듭자반, 호두튀김, 생률)_292

제3부
조리기능장
한식 실기 기출문제

296 | 1. 조리기능장 한식 실기 기출문제
2. 조리기능장 자격시험 안내

337 | 참고문헌

조리기능장 한식 실기 131품목

골동반_32

닭온반_34

영양밥_36

녹두죽_38

대추죽_40

백합죽_42

버섯죽_44

전복죽_46

타락죽_48

호박죽_50

흑임자죽_52

게감정_54

도미면_56

면신선로_58

무맑은국_60

아욱국_62

용봉탕_64

임자수탕_66

삼계탕_68

신선로_70

조랭이떡국_72

초교탕_74

명란젓찌개_76

오이감정_78

녹두빈대떡_80

느타리버섯산적_82

양동구리_84

연근전_86

사슬적_88

삼색전1_90

삼색전2_92

장떡_94

장산적_96

파전_98

해삼전_100

김치적_102

깨즙채_104

닭겨자냉채_106

대하잣즙냉채_108

도토리묵무침_110

 메밀묵무침_112
 메밀전병_114
 새우겨자채_116
 소고기편채_118

 수삼말이_120
 우엉잡채_122
 무말이강회_124
 연계초_126

 갈치조림_128
 삼합초(삼합장과)_130
 대합구이_132
 떡갈비구이_134

 소갈비구이_136
 오징어솔방울구이_138
 월과채_140
 숙주채_142

 죽순채_144
 취나물무침_146
 밀쌈_148
 삼색밀쌈_150

 구절판_152
 도라지대추나물_154
 어채_156
 양지머리편육_158

원소병_160

꽃게김치_162

보쌈김치_164

석류김치_166

숙깍두기_168

장김치_170

호박지_172

고추소박이_174

가지선_176

궁중닭찜_178

꽃게찜1_180

꽃게찜2_182

닭북어찜_184

대하찜_186

대합찜_188

도미찜1_190

도미찜2_192

두부선_194

떡찜_196

어선_198

오징어순대_200

죽순찜_202

두부전골_204

골동면_206

 온면_208
 겹절병_210
 굴림만두_212
 규아상(미만두)_214
 난만두_216
 메밀만두_218
 병시_220
 삼색석류탕_222
 석류탕_224
 어만두_226
 준치만두_228
 편수_230
 감자정과_232
 강란_234
 개성주악_236
 계강과_238
 삼색과편_240
 당근정과_242
 대추초_244
 도라지정과_246
 떡수단(오미자)_248
 만두과_250
 모약과_252
 밤초_254

 삼색매작과_256
 매작과_258
 생강정과_260
 서여향병_262

 섭산삼_264
 찰수수부꾸미_266
 찹쌀부꾸미_268
 약식_270

 연근정과_272
 우메기_274
 율란_276
 잣구리_278

 잣박산_280
 조란_282
 삼색주악_284
 주악_286

 편강_288
 호박송편_290
 마른안주_292
(은행꽃이, 다시마 매듭자반, 호두튀김, 생률)

제1부

한국 음식 문화의 특징

1. 한국 전통 음식 문화의 다양성

2. 한국 전통 음식의 양념과 고명

- 양념
- 고명
- 한식 기본 썰기

1. 한국 전통 음식 문화의 다양성

1) 주식류

(1) 밥

밥은 한국의 대표적인 주식으로 주재료를 쌀로 하는 것이 기본이지만, 밥을 짓는 재료와 방법에 따라 종류가 다양하다. 다른 곡식을 섞을 때는 혼합물의 이름을 붙여서 콩밥, 보리밥, 잡곡밥 등으로 명칭을 붙이며 한 그릇에 곡류와 채소, 고기 등을 섞어 조리한 비빔밥 등이 있다.

(2) 죽, 미음류, 고음류

죽은 재료에 따라 흰죽, 야채죽, 장국죽 등으로 나눌 수 있다. 죽은 주식 뿐만 아니라 유아식, 노인식, 환자식 등으로 다양하게 이용되어 왔다. 죽은 쌀을 가장 많이 사용하여 끓이는데 쌀을 으깨거나 갈지 않고 통으로 쑤는 죽을 옹근죽, 쌀을 굵게 갈아서 쑤는 죽을 원미죽, 쌀을 곱게 갈아서 매끄럽게 쑤는 죽을 무리죽이라 한다.

미음은 죽보다 농도가 묽으며 주로 병자나 어린아이가 먹고 물을 많이 붓고 푹 무를 때까지 끓여 고운 체에 곱게 걸러 소금으로 간을 맞추어 먹는다.

(3) 떡국, 국수, 만두

떡국은 멥쌀가루를 쪄서 가래떡으로 만들어 어슷하게 썰어 육수에 끓인 후 고명을 얹어 새해 첫날에 먹는 절식이다.

국수는 메밀을 많이 사용하였는데 쌀가루, 녹두가루 등을 섞어 반죽하여 가늘고 길게 썰거나 국수를 내려 뽑아서 삶아 먹은 것으로 전분의 종류에 따라 메밀국수,

밀국수가 있고 온도에 따라 차게 먹는 냉면이나 뜨겁게 먹는 온면이 있다.

만두는 밀가루나 메밀가루를 반죽하여 얇게 밀어서 고기나 채소로 만두를 만들어 빚어서 찌거나 끓는물에 삶거나 굽기도 하였다.

2) 찬품류

(1) 국, 탕

밥과 함께 먹는 국물요리로서 한상차림에 올라가는 국물 요리로 반상차림에 있어 필수 음식이다. 맑은장국은 무맑은국, 대합국, 콩나물국 등이 있다. 토장국은 아욱국, 냉이된장국, 시금치된장국 등이 있으며 찬국에는 임자수탕, 오이냉국, 가지냉국, 미역냉국 등이 있다. 탕은 삼계탕, 해물탕, 설렁탕, 곰탕 등이 있다.

(2) 백숙

물을 많이 넣고 고기나 생선 등에 양념을 하지 않고 끓이거나 삶는 요리이다. 백숙의 종류에는 오리백숙, 닭백숙 등 10여가지의 종류가 있다.

(3) 찌개

찌개는 국에 비해 건더기가 많고 국물이 적고 간이 쎈 것이 특징이다. 생선을 주재료로 사용하는 생선찌개, 돼지고기와 김치를 주재료로 사용하는 돼지고기김치찌개, 된장과 호박을 사용하는 된장호박찌개 등이 있다. 감정은 고추장찌개를 말하며 오이감정, 게감정 등이 있다.

(4) 순대

순대는 돼지 창자 속에 당면, 야채, 찹쌀 등을 양념하여 넣고 찐 음식이다.

(5) 전골

전골은 한국의 전통적인 요리법으로 음식상 옆에 화로 등을 놓고 익히면서 먹었던 음식이며 대표적으로 두부전골이 있다.

(6) 찜

찜은 반상, 교자상, 주안상 등 특별한 상을 차려내는 음식으로 요리를 할 때는 먼저 고기를 잠깐 볶다가 물을 부어 은근하게 오래 끓여 간이 잘 배이도록 무르게 익힌다. 종류로는 닭찜, 갈비찜, 사태찜 등이 있다.

(7) 조림

조림은 어패류, 육류, 채소류를 썰어 재료에 간을 약간 세게 하여 약한 불에서 오래 익힌 요리이다. 조림의 종류로는 장조림, 생선조림, 두부조림 등 다양하며 50여 종류가 훨씬 넘는 음식이 있다.

(8) 구이

구이는 직접구이와 간접구이로 나뉘진다. 직접구이는 직접 불에 닿게 굽거나 석쇠를 이용하여 굽는 방법이고 간접구이는 프라이팬을 사용하여 굽는 방법이다.

(9) 전

전은 부침요리로서 생선이나 고기, 채소 따위를 얇게 썰거나 다져 양념을 한 뒤, 밀가루를 묻혀 기름에 지진 음식을 통틀어 이르는 말이다.

(10) 적

산적은 재료를 같은 길이로 썰어 양념하여 꼬챙이에 꿰어 밀가루와 달걀을 씌워 지지는 조리법이 있다. 종류로는 느타리버섯산적, 사슬적 등이 있다.

(11) 볶음

볶음은 여러 가지 식재료에 양념을 하여 센 불에서 단시간에 볶아낸 음식이다. 기름으로 볶는 방법과 간장과 설탕을 조미하는 방법, 고추장으로 볶는 방법 등이 있다.

(12) 편육, 제육, 족편

편육은 소나 돼지의 특정 부위를 삶아 얇게 썰어서 먹는 음식이다. 소고기는 사태, 양지머리, 소머리 등을 삶아 얇게 썰어 먹고 돼지고기는 삼겹살, 목살, 머리 부위를

사용하여 얇게 썰어서 먹는다.

(13) 지짐이
국물이 국보다 적고 짭짤하게 끓인 음식이며 녹두지짐이 같이 부쳐 먹는 음식을 말하기도 한다.

(14) 선
선은 소고기, 두부, 채소류, 어패류를 잘게 썰거나 다져서 데치기도 하고 살짝 익히거나 소금에 절여서 만들며 두부선, 오이선, 호박선 등이 있다.

(15) 회
회는 술안주에 많이 쓰이는 소고기, 간, 천엽, 생선이나 조개류 등을 날것으로 먹도록 만든 음식이며 주로 초고추장, 겨자초장, 소금, 후추 등에 찍어 먹는다.

파나 미나리를 데쳐서 초고추장에 찍어 먹는 강회와 두릅을 데쳐서 초고추장에 찍어 먹는 두릅회 등이 있다.

(16) 포
포는 얇게 저며 양념하여 말린 음식으로 장기간 두고 먹을 수 있는 저장식품이며 소고기, 돼지고기, 생선 등을 이용한다.

(17) 김치
김치는 배추, 무 등의 채소류를 소금에 절여서 파, 마늘, 생강, 젓갈, 고춧가루 등의 양념으로 버무려 담근 한국을 대표하는 독특한 염장 발효 식품이다.

(18) 나물
나물은 채소나 들나물, 산나물, 채소 등을 갖은 양념에 무쳐 만든 반찬이다. 나물을 만드는 방법은 기름에 볶아서 만드는 방법과 데쳐서 양념을 넣고 무치는 방법이 있다. 나물의 양념은 간장, 소금, 다진마늘, 다진파, 깨소금, 참기름을 주로 사용하지만 재료에 따라 고춧가루, 고추장, 새우젓, 후춧가루 등을 쓰기도 한다.

(19) 생채

생채는 계절마다 나오는 채소를 얇게 저미거나 소금으로 간을 해서 양념을 넣어 무친 것으로 식초를 넣어 새콤한 맛이 나게 하는 것이며 무생채, 오이생채, 도라지생채, 더덕생채 등이 있다.

(20) 쌈

쌈은 밥이나 고기, 반찬, 양념장을 얹어 상추, 배추, 쑥갓, 깻잎, 호박잎 등의 채소를 싸서 먹는 음식이다.

(21) 무침

채소나 말린 생선, 해초 따위에 갖은 양념을 하여 무친 반찬이다.

(22) 묵

묵은 메밀가루, 녹두가루 등을 풀처럼 쑤어서 식혀 굳힌 음식이다. 재료에 따라 메밀묵, 녹두묵, 도토리묵 등이 있다.

(23) 젓갈

젓갈은 오랜 옛날부터 전해 내려오는 음식으로 종류로는 새우젓, 멸치젓, 조기젓(황서기젓) 등이 있다. 김장에 주로 사용하기도 하고 밥반찬으로도 쓰인다. 새우젓은 보통 추젓, 오젓, 육젓, 뎃데기젓, 곤쟁이젓, 자젓 등으로 나뉜다.

(24) 장아찌

오이, 무, 마늘 따위의 채소를 소금, 간장, 고추장, 된장 등에 묵혀두고 먹는 저장 발효 음식이다.

(25) 식해

식해는 지방마다 다르나 기본재료는 엿기름, 좁쌀, 찹쌀, 소금, 생선 등이 있다.

(26) 간 자반

소금에 절여서 만든 반찬으로 생선 등이 있으며 문헌에는 "시의전서"에 수록되기 시작하였다.

(27) 마른자반

콩, 김, 미역, 소고기 등을 기름에 튀겨 만들거나 간장에 조린 반찬이다.

(28) 초

볶는다는 뜻을 가지고 있는 초는 조림처럼 끓이다가 국물이 조금 남았을 때 녹말물을 약간 넣어 걸쭉하고 윤기나게 조리는 조리법으로 삼합초, 홍합초, 전복초 등이 있다.

3) 후식류

(1) 떡

떡은 곡식을 찌거나 익힌 뒤 모양을 빚어 먹는 음식이다. 떡의 종류에는 지진떡, 찐떡, 친떡, 삶은떡 등이 있다. 지진떡은 찹쌀가루를 익반죽하여 모양을 만들어 기름에 지지며 주악, 화전, 부꾸미 등이 있다. 찐떡은 증기로 찌는 떡을 말하며 콩설기, 백설기 등이 있다. 친떡은 찹쌀을 주재료로 하며 찰시루떡, 찹쌀로 밥을 지어 쳐서 만든 인절미, 절편 등이 있다. 삶은떡은 찹쌀가루를 익반죽하여 동그랗게 빚어 끓는 물에 삶아 내어 깨고물이나 콩고물 등을 묻힌 떡으로 경단 종류가 있다.

(2) 한과류

한국의 전통적인 과자 또는 조과를 뜻하며 곡식의 가루나 과일, 식물의 뿌리나 잎에 물엿, 설탕 등으로 달콤하게 만든 후식이다. 쌀가루, 콩가루, 송화가루 등을 꿀로 반죽하여 다식판에 박아 낸 것으로 주로 차를 마실 때 곁들이는 다식이 있으며 콩다식, 송화다식, 흑임자 다식 등이 있다.

(3) 음청류

한국의 전통 음료에는 식혜, 화채, 차, 갈수 등이 있다. 화채는 배즙, 오미자즙, 꿀물 또는 설탕물에 꽃잎, 과일 등을 넣어 잣을 띄운 음료이다. 화채류에는 귤 화채, 장미화채, 유자화채, 앵두화채, 배화채, 떡수단, 보리수단 등이 있으며 손님 접대용이나 계절의 풍류를 즐기면서 먹는 음료이다.

우리나라의 차에는 곡류로 만든 옥수수차 · 보리차 · 율무차 등이 있으며 과실류로 만든 모과차 · 유자차, 약재로 만든 쌍화차, 식물의 잎으로 만든 감잎차 · 녹차 · 두충차, 꽃이나 껍질, 뿌리 등으로 만든 인삼차 · 국화차 · 귤피차 등이 있다.

(4) 주류

술은 인류의 역사와 함께 발전되어 왔으며 한국의 전통술은 곡주가 기본이다. 전통주는 제조 방법에 따라 양조 곡주와 증류주로 나뉘고 양조 곡주는 혼양곡주와 순곡주로 구분된다. 순곡주는 거르는 방법에 따라 청주와 탁주로 구별되며 빚는 방법에 따라 이양주와 일반주로 나뉜다.

2. 한국 전통 음식의 양념과 고명

⟨양념⟩

음식의 맛은 그 음식에 사용된 식품 자체의 맛이 있으면서 각 음식 특유의 맛을 더하게 되는데 여러 가지 재료가 사용되는 것을 양념이라 하며 조미료와 향신료로 나눌 수 있다.

조미료는 짠맛, 단맛, 신맛, 매운맛, 쓴맛의 5가지 기본맛을 내는 것으로 한국의 조미료는 소금, 간장, 고추장, 된장, 식초, 설탕 등이 있다.

향신료는 파, 마늘, 생강, 후추, 참기름, 깨소금, 들기름 등이 있다.

(1) 소금
소금은 짠맛을 결정하는 가장 기본적이며 중요한 조미료이다. 소금의 종류에는 호염(천일염 또는 굵은소금), 재염(고운소금 또는 꽃소금), 식탁염(입자가 가장 고운 것), 맛소금 등이 있다.

(2) 간장
간장과 된장은 콩을 발효시켜 만든 음식이다. 간장은 조리방법에 따라 다르게 사용한다. 국, 찌개, 나물을 만들 때는 국간장으로 간을 하고 조림, 초, 포 등의 양념은 진간장을 사용한다.

(3) 된장
된장은 되다의 뜻으로 간장을 떠내고 남은 건더기를 숙성시켜 만든 한국적인 맛의 저장성 조미식품이다.
　재래된장은 토장국의 맛을 내는 토장, 막된장, 청국장, 집장, 두부장 등이 있다.

(4) 고추장
고추장은 볶음, 생채, 구이 등에 사용되고 볶아서 약고추장으로 만들기도 한다. 매운 것이 특징이고 보리, 찹쌀, 밀가루 같은 곡류에 메줏가루, 고춧가루, 엿기름, 소금 등이 들어간다.

(5) 설탕
설탕은 맛이 달고 물에 잘 녹는 조미료로서 사탕수수, 사탕무의 즙을 농축시켜 원료로 만든다. 설탕은 감미의 정도에 따라 흰설탕, 황설탕, 흑설탕으로 분리된다.

(6) 식초
식초는 액체 조미료의 하나이며 약간의 초산이 들어있어 신맛이 나고 종류로는 양조식초, 합성식초, 혼성식초로 나눈다.

(7) 술

생선이나 육류 요리에 사용하며 생선은 비린내를 없애주고 육류는 특유의 누린내를 제거해 주고 풍미를 더해 준다.

(8) 참기름

음식에 고소한 향과 맛을 내는 데 쓰이는 조미료로서 참깨를 볶아서 짠다. 나물을 무칠 때와 약과, 약식 등을 만들 때, 고기 양념 등 향을 낼 때 음식에 사용한다.

(9) 들기름

들깨를 볶아서 짠 것으로 고소하고 독특한 냄새가 난다. 김에 발라 구울 때, 나물을 무칠 때 사용한다.

(10) 후추

후추는 자극적인 맛과 향기로 검은 후추와 흰 후추가 있다. 검은 후추는 색이 검고 매운맛이 강해서 육류와 색이 진한 음식에 사용하고 흰 후추는 색이 연하고 향미가 부드러워 흰살생선 요리에 사용한다. 통후추는 육수를 만들 때나 탕을 끓일 때, 배숙 등에 사용한다.

(11) 깨소금

참깨를 거피하여 불순물을 제거 후 물기를 뺀 후 볶아서 소금을 약간 넣고 함께 빻은 것이다.

(12) 계피

계수나무의 껍질을 말린 것으로 육계라고도하며, 일반적으로 가루로 만들어 떡 종류, 한과류에 사용한다.

(13) 겨자

겨자를 따뜻한 물에 불려 발효를 시켜 매운맛이 나면 설탕, 식초, 소금 등을 조미하여 겨자장을 만들어 겨자채나 냉채에 사용한다.

(14) 파

파는 독특한 맛으로 자극성 냄새와 함께 굵은파, 실파, 쪽파 등이 있다. 파의 흰 부분은 다지거나 채 썰어 양념으로 사용하고 파란 부분은 채썰거나 어슷썰어 국이나 찌개에 넣는다.

(15) 마늘

마늘은 자극적인 독특한 맛과 향기를 가지고 있으며 마늘의 매운맛 성분에는 알리신이라는 휘발성 생리활성 물질이 들어 있어 육류의 누린 냄새와 생선류의 비린냄새, 채소의 풋냄새를 제거할 뿐 아니라 김치에 없어서는 안되는 조미료이다.

(16) 생강

생강은 매운맛과 특유의 향이 강해 생선이나 육류의 비린내를 없애고 맛을 증진시키는 역할을 한다. 음식을 조리할 때는 곱게 다지거나 편, 채, 즙을 내어 사용한다.

〈고명〉

고명에는 달걀지단, 미나리초대, 고기완자, 고기고명, 버섯류, 실고추, 실파, 미나리 등이 있다.

1) 고기 고명

(1) 고기완자

완자를 봉오리라고 하며 소고기의 살을 곱게 다져서 양념하여 고루 섞은 다음 직경 1~2cm 크기로 둥글게 만든 다음 기름을 두르고 굴리면서 지진다. 신선로, 두부전골, 도미면 등에 고명으로 사용한다.

(2) 편육

편육은 끓는물에 삶아 얇게 저미거나 채 썰어 사용한다.

(3) 고기채

고기를 곱게 채쳐서 양념하여 팬에 기름을 두르고 볶은 다음 고명으로 사용한다.

2) 달걀 지단과 알쌈

(1) 달걀 지단

달걀은 노른자와 흰자로 각각 나누어 소금을 약간 넣고 잘 저어 면보나 체에 거른 다음 팬에 기름을 두르고 약하게 불을 조절한 다음 면보나 체에 거른 달걀을 얇게 펴서 지진 다음 편, 채, 마름모 꼴로 썰어 사용한다. 달걀흰자에 석이를 곱게 다져 넣어 석이 지단을 만들어 사용하기도 한다.

(2) 알쌈

달걀을 황백으로 분리하고 팬에 한 순가락씩 떠놓고 반쯤 익으면 소고기를 곱게 다져 양념해서 은행알 모양으로 익혀 놓은 것을 올려두고 반으로 접어 반달모양으로 지진 것이다.

3) 미나리초대

미나리는 줄기 부분만 꼬지에 가지런히 꿴 후 밀가루를 묻히고 달걀 푼 것을 씌워 팬에 기름을 두른 다음 달걀 지단 부치듯이 초록색을 유지하게 지져 마름모나 골패 모양으로 썰어서 면신선로, 두부전골, 임자수탕 등에 사용한다.

4) 버섯류

(1) 표고 버섯

표고버섯은 따뜻한 물에 설탕을 약간 넣고 불린 후에 기둥을 떼고 골패모양이나 얇게 포를 떠서 채 썰어 사용한다.

(2) 목이버섯
목이버섯은 나무에 자생하는 것으로 따뜻한 물에 불려 채썰거나 찢어서 사용한다.

(3) 석이버섯
석이버섯은 바위에 자생하는 것으로 이끼와 뿌리를 제거하고 잘 손질하여 말아 채 썰어 소금, 참기름으로 양념한 후 팬에 볶아 사용한다.

5) 견과류

(1) 호두
호두는 뜨거운 물에 불렸다가 꼬지로 속껍질을 벗겨서 사용하거나 기름에 튀겨 사용하기도 하며 신선로, 도미면 등에 고명으로 사용하고 호두살에 녹말가루를 묻혀 튀겨서 마른안주로 사용하기도 한다.

(2) 은행
은행은 달궈진 팬에 식용유와 소금을 두르고 볶아서 초록색이 되면 뜨거울 때 키친타월로 비벼서 껍질을 벗겨 신선로나 도미면, 찜 등에 고명으로 사용하고 마른 안주로 사용한다.

(3) 밤
밤은 겉껍질과 속껍질을 벗긴 후 설탕물에 담갔다가 건져 변색을 방지하고 편썰기 하여 겨자채에 사용하고 곱게 채 썰어 한과나 밤단자로 사용하며 삶아 체에 내려 떡소로 사용한다.

(4) 대추
대추를 깨끗하게 씻어 씨를 빼고 얇게 펴서 밀대로 밀어 채 썰어 보쌈김치나 꽃모양을 만들어 고명으로 사용한다.

(5) 잣

잣은 통잣, 비늘잣, 잣가루로 구분되며 통잣은 보쌈김치나 떡수단, 원소병 등에 사용하고 비늘잣은 모약과, 만두과 등에 사용한다. 잣가루는 매작과, 장산적에 올리기도 하고 계강과, 강란 등에 사용한다.

6) 실고추, 홍고추, 풋고추

(1) 실고추

실고추는 홍고추를 말려서 건고추를 잘라 씨를 털어내고 젖은 행주로 닦은 후 눅눅해지면 꼭꼭 말아서 곱게 채 썬 것이다.

(2) 홍고추

홍고추는 씨를 제거하고 통으로 어슷 썰어 생선찌개나 돼지갈비찜, 오징어볶음 등에 사용하고, 골패모양으로도 썰며, 채 썰어 고명으로 사용하기도 한다.

(3) 풋고추

풋고추는 통으로 어슷 썰어 생선찌개, 오징어볶음 등에 사용한다.

7) 통깨

통깨는 참깨와 들깨로 분리한다. 참깨는 볶아서 기름으로 사용하기도 하며 죽 재료와 한과류의 주재료로 다양하게 사용된다.

8) 오이, 호박 고명

(1) 오이

오이는 소금으로 문질러 씻은 다음 가시 제거 후 길이 5cm 정도로 잘라서 돌려가며 얇게 겉껍질을 깎아낸 후 폭 0.3cm로 채 썰어 소금에 살짝 절인 후 볶아 구절판, 어선, 잡채 등에 사용한다.

(2) 호박

애호박을 깨끗이 씻은 다음 얇게 겉껍질을 돌려 깎은 후 0.3×0.3×5cm 정도로 자른 다음 소금에 살짝 절인 후 볶아 비빔밥, 온면 등에 사용한다.

〈한식 기본 썰기〉

(1) 편썰기(무침, 볶음)

재료를 얇게 길이로 자른 후 썰거나 원하는 두께로 고르게 써는 방법(마늘편, 생강편)

(2) 채 썰기(구절판, 생채)

재료를 길이로 잘라서 얇게 편을 썬 다음 일정한 두께로 가늘게 써는 방법

(3) 다지기

재료를 길이로 잘라서 얇게 편 썬 다음 가로 세로로 잘게 썰어 다지는 방법

(4) 막대썰기(오이장과, 무장과)

재료를 원하는 길이로 토막 낸 다음 적당한 굵기의 막대 모양으로 써는 방법

(5) 나박 썰기(장김치, 나박김치)

가로, 세로를 사각형으로 반듯하고 얇게 써는 방법

(6) 골패 썰기(면신선로, 임자수탕, 어채)

가장자리를 잘라내어 직사각형으로 써는 방법

(7) 깍둑 썰기(깍두기, 조림)

가로, 세로, 두께 모두 사방 2×2cm 정도의 크기로 써는 방법

(8) 둥글려 깎기
감자, 무, 당근 등 모서리를 얇게 도려내어 둥글게 만드는 방법

(9) 반달 썰기
무, 호박, 당근 등을 길이로 반을 가른 후 원하는 두께로 반달 모양으로 써는 방법

(10) 은행잎 썰기
원하는 두께로 반달모양으로 썰어 2등분하여 써는 방법

(11) 어슷 썰기
홍고추, 풋고추, 대파 등 가늘고 길쭉한 재료를 칼을 옆으로 비껴 적당한 두께로 어슷하게 써는 방법

(12) 통 썰기
모양이 둥근 당근, 오이를 동째로 써는 방법

(13) 깎아 썰기
우엉 등의 재료를 우엉에 길이로 칼집을 넣은 다음 연필 깎듯이 돌려가면서 얇게 써는 방법

(14) 돌려 깎기
오이, 호박 등을 일정한 크기로 토막을 낸 후 겉껍질을 얇게 돌려 깎아내는 방법

(15) 솔방울 썰기
오징어에 솔방울 무늬를 내어 볶거나 회로 낼 때 모양을 내어 써는 방법 또는 구이로도 사용한다.

골동반 | 닭온반 | 영양밥 | 녹두죽 | 대추죽 | 백합죽 | 버섯죽 | 전복죽 | 타락죽 | 호박죽
흑임자죽 | 게감정 | 도미면 | 면신선로 | 무맑은국 | 아욱국 | 용봉탕 | 임자수탕 | 삼계탕
신선로 | 조랭이떡국 | 초교탕 | 명란젓찌개 | 오이감정 | 녹두빈대떡 | 느타리버섯산적
양동구리 | 연근전 | 사슬적 | 삼색전1 | 삼색전2 | 장떡 | 장산적 | 파전 | 해삼전 | 김치적
깨즙채 | 닭겨자냉채 | 대하잣즙냉채 | 도토리묵무침 | 메밀묵무침 | 메밀전병 | 새우겨자채
소고기편채 | 수삼말이 | 우엉잡채 | 무말이강회 | 연계초 | 갈치조림 | 삼합초(삼합장과)
대합구이 | 떡갈비구이 | 소갈비구이 | 오징어솔방울구이 | 월과채 | 숙주채 | 죽순채 | 취나물무침
밀쌈 | 삼색밀쌈 | 구절판 | 도라지대추나물 | 어채 | 양지머리편육 | 원소병 | 꽃게김치

제2부
조리기능장 한식 실기 131품목

보쌈김치 | 석류김치 | 숙깍두기 | 장김치 | 호박지 | 고추소박이 | 가지선 | 궁중닭찜 | 꽃게찜1
꽃게찜2 | 닭북어찜 | 대하찜 | 대합찜 | 도미찜1 | 도미찜2 | 두부선 | 떡찜 | 어선 | 오징어순대
죽순찜 | 두부전골 | 골동면 | 온면 | 겸절병 | 굴림만두 | 규아상(미만두) | 난만두 | 메밀만두
병시 | 삼색석류탕 | 석류탕 | 어만두 | 준치만두 | 편수 | 감자정과 | 강란 | 개성주악 | 계강과
삼색과편 | 당근정과 | 대추초 | 도라지정과 | 떡수단(오미자) | 만두과 | 모약과 | 밤초
삼색매작과 | 매작과 | 생강정과 | 서여향병 | 섭산삼 | 찰수수부꾸미 | 찹쌀부꾸미 | 약식
연근정과 | 우메기 | 율란 | 잣구리 | 잣박산 | 조란 | 삼색주악 | 주악 | 편강 | 호박송편
마른안주(은행꽃이, 다시마 매듭자반, 호두튀김, 생률)

골동반

섣달그믐(음력 12월 30일)에 남은 음식을 모두 모아 만들어 먹었던 궁중 비빔밥이다.

ⅰ 요구사항

골동반을 만들 때 재료는 0.3cm x 0.3cm x 5cm의 크기로 썰고, 밥 위에 재료들을 돌려 담고 볶은 고추장은 다시마와 같이 완성된 밥 위에 얹어 제출하시오.

1. 재료 확인 → 2. 재료 분리 → 3. 재료 씻기

재료

- 쌀(불린 것) ········· 1C
- 소고기 ············· 40g
- 애호박 ············· 50g
- 고사리 ············· 50g
- 도라지 ············· 40g
- 숙주 ··············· 40g
- 표고버섯 ············ 2장
- 동태살 ············· 50g
- 다시마(5×5cm) ···· 1장
- 달걀 ················ 2개
- 밀가루 ············· 30g

소고기·고사리·표고 양념
- 간장 ··············· 2T
- 설탕 ··············· 1T
- 다진 파 ············ 1/2t
- 다진 마늘 ········· 1/3t
- 깨소금, 후추, 참기름

약고추장
- 다진 고기 ········· 약간
- 고추장 ············· 1T
- 설탕 ··············· 2t
- 참기름 ············· 약간

만드는 법

1 냄비에 **불린 쌀**과 물을 1 : 1.2 비율로 넣고 밥을 고슬고슬하게 지어 놓는다.
도라지는 5×0.3×0.3cm 길이로 채 썰고 소금에 절인다.
애호박은 돌려 깎아 5×0.3×0.3cm 길이로 채 썰고 소금에 절인다.
달걀은 황·백분리 해 놓는다.

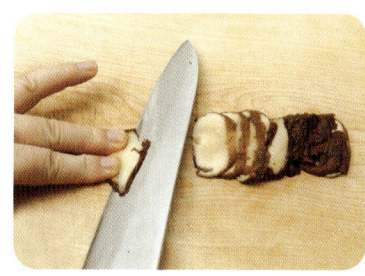

2 **표고**는 불려서 기둥을 제거하고 얇게 포를 뜬 다음 가늘게 채 썰어 간장 양념한다.
고사리는 억센 줄기를 제거한 후 5cm 길이로 자른 다음 간장 양념을 한다.
소고기는 2/3는 가늘게 채 썰어 간장 양념하고 1/3은 곱게 다진다. (약고추장)

3 **숙주**는 거두절미한 후 데친 다음 물기를 제거하고 소금, 참기름으로 밑간한다.
소금에 절인 도라지, 애호박은 물기를 제거 한 후 볶고 고사리, 표고, 고기 순으로 볶아서 식힌다.
달걀은 황·백지단을 부쳐 5×0.3×0.3cm 길이로 채 썬다.

4 **동태살**은 가시 등을 제거하고 얇게 포를 떠서 소금, 백후추로 밑간을 하고 밀가루, 달걀물을 묻혀 전을 부친 후 5×1cm 크기로 썬다.
다시마는 기름에 튀겨 식은 다음 잘게 부순다.

5 팬에 **다진 고기**를 볶다가 고추장, 설탕, 참기름을 넣고 약고추장을 만든다.

6 밥에 **소금, 참기름**으로 간하고 볶아 놓은 재료를 1/3 정도만 넣고 섞는다.
완성 그릇에 밥을 담고 나머지 재료를 보기 좋게 담은 후 잘게 부순 다시마를 가운데 얹고 약고추장을 위에 올린다.

Point

1. 밥을 지은 냄비에 볶아 손질한 골동반 재료 1/3을 섞어서 완성된 그릇에 담으면 시간을 단축할 수 있다.

닭온반

밥 위에 나물과 삶아서 잘게 찢은 닭살을 얹은 다음
약간의 국물을 부어 만든 함경도 향토 음식이다.

¡ 요구사항

밥을 담고 준비한 재료를 올린 후
닭 육수를 부어 제출하시오.

1. 재료 확인 → 2. 재료 분리 → 3. 재료 씻기

재료

- 닭 1/2마리
- 쌀(불린 것) 1C
- 애호박 50g
- 당근 50g
- 표고 2장

향미 채소
- 대파 1/4대
- 마늘 2개
- 생강 1톨

표고 양념
- 간장 2t
- 설탕 1/2t
- 다진 파 1/3t
- 다진 마늘 1/4t
- 깨소금 1/4t
- 참기름
- 후추

육수
- 국간장
- 소금

만드는 법

① **닭**은 향미 채소를 넣고 끓인 다음 닭살은 건져 잘게 찢어준다.
육수는 면포를 놓고 받쳐 국간장, 소금으로 간한다.

② **불린 쌀**과 물을 1 : 1.2 비율로 넣고 밥을 한다.
애호박은 5cm 길이로 돌려 깎아 채 썰어 소금에 절인 다음 물기 제거 후 볶는다.

③ **당근**은 5cm 길이로 채 썰어 볶다가 소금으로 간한다.

④ **표고버섯**은 불려서 기둥을 제거하고 얇게 포뜬 다음 가늘게 채 썬 후 양념하여 볶는다.

⑤ 볶아 놓은 재료를 준비해 놓는다.

⑥ 밥을 그릇에 담고 **애호박, 당근, 표고, 닭살**을 보기 좋게 담은 후 육수를 부어 낸다.

영양밥

몸에 좋은 재료들을 함께 넣어 지은 밥으로
쌀과 인삼, 잡곡, 은행, 견과류 등을 넣어 원기회복과 면역작용 증진에 좋다.

i 요구사항

밥은 곱슬하게 짓고
재료는 1×1cm 크기로 썰어 사용하시오.

1. 재료 확인 → 2. 재료 분리 → 3. 재료 씻기

재료

- 쌀(불린 것) ············ 1C
- 흑미 ···················· 20g
- 검은콩 ················· 20g
- 밤 ······················· 1개
- 대추 ···················· 2개
- 은행 ················· 2~3알
- 수삼 ················· 1뿌리

만드는 법

1. **불린 검은콩**은 삶아서 준비한다.
불린 쌀과 흑미는 깨끗이 씻어 물에 불린 후 체에 건져 물기를 뺀다.
대추는 돌려깎기 하여 사방 1×1cm 크기로 썬다.

2. **밤**은 껍질을 벗긴 후 사방 1×1cm 크기로 썬다.
수삼도 같은 크기로 썬다.

3. **은행**은 열이 오른 팬에 기름을 두르고 볶아 키친 타올 위에 놓고 껍질을 벗긴다.

4. 불린 쌀, 불린 흑미, 삶은 검은콩, 대추, 수삼, 밤은 준비한다.

5. **4**의 재료를 넣고 밥을 짓다가 밥물이 밥을 덮을 정도로 남아 있을 때 저어준 다음 **은행**을 넣고 뜸을 들인 다음 그릇에 담아낸다.

Point

1. 검은콩은 반드시 삶아 넣어야 설익지 않게 밥을 지을 수 있다.

녹두죽

녹두죽의 녹두는 몸에 쌓인 노폐물을 해독하며 열을 내리고 식욕을 돋구는 역할을 하여 입맛을 잃거나 몸이 안좋은 환자들에게 영양을 보충해주는 좋은 보양식이다.

요구사항

불린 녹두는 껍질을 깨끗이 제거해서 사용하시오.

1. 재료 확인 → 2. 재료 분리 → 3. 재료 씻기

재료

- 녹두(불린 것) ········ 1C
- 쌀(불린 것) ········ 1/2C
- 소금 ················ 1/3t

만드는 법

1 녹두는 껍질이 제거될 때까지 깨끗이 씻는다.

2 녹두물을 충분히 부어 푹 무를 때까지 충분히 삶아 체에 내려준다.
불린 쌀은 깨끗이 씻어 면포에 넣고 방망이로 밀어 싸라기 크기로 으깬다.

3 싸라기 크기의 쌀과 체에 내린 **녹두물**을 준비해 둔다.

4 **녹두물과 싸라기**를 넣고 쌀 분량의 6배의 물을 조금씩 넣어가며 약한 불에서 쌀알이 완전히 퍼질 때까지 은근히 끓인다.

5 죽 농도가 되면 소금으로 간을 맞춘다.

Point

1. 녹두는 푹 무르게 삶아야 체에 내리기 쉽다.
2. 쌀가루가 나올 경우 물에 개서 사용한다.

대추죽

대추는 은은한 단맛이 나고 따뜻한 성질을 지녔으며 위를 편안하게 해준다.
몸이 차고 기운이 없는 사람에게 보양식으로 대접하기 좋은 음식이다.

요구사항

대추죽은 대추살을 으깬 대춧물로 죽을 끓여 사용하시오.

1. 재료 확인 → 2. 재료 분리 → 3. 재료 씻기

재료

- 대추 100g
- 불린 쌀 1/2C
- 꿀 1T
- 소금

만드는 법

1 **대추**는 씻어 돌려 깎기 하여 고명용 대추꽃 3개 정도를 만들고 나머지는 삶는다.

2 **대추**는 부드러워질 때까지 푹 삶는다.

3 **불린 쌀**은 절구에 빻거나 믹서에 곱게 갈아 체에 내린다.

4 푹 삶아진 **대추**는 체에 내려 준비한다.

5 **대추물과 쌀물**을 준비한다.

6 체에 내린 **대추물**을 붓고 중간불에서 끓이다가 **쌀물**을 조금씩 넣어 가며 은근히 끓여주고 소금과 꿀로 간한다.

Point

1. 쌀가루가 나올 경우 물에 개서 사용한다.

백합죽

백합살과 불린 쌀을 끓이다가 소금으로 간을 한 죽이다.
맛이 깨끗하고 고소하며 담석증과 간질환 예방, 빈혈에 좋다.

i 요구사항

백합을 해감시켜 사용하시오.

재료

- 백합················· 2~3개
- 쌀(불린 것) ········ 1/2C
- 참기름················· 1t
- 소금
- 깨소금

만드는 법

1. **백합**은 소금물에 담궈 해감을 한다.

2. **백합**을 깨끗이 씻은 후 끓는 물에 입이 벌어질 때까지 데치고 살을 빼내어 내장을 제거하여 곱게 다진다.

3. **불린 쌀**은 깨끗이 씻어 물기를 제거한 다음 밀대로 밀어 싸라기를 만들고 다진 백합과 함께 준비해 둔다.

4. 냄비에 참기름을 두르고 **싸라기**를 잠깐 볶다가 다진 **백합**을 넣고 볶은 후 백합 육수와 물을 쌀의 6배 정도의 분량으로 붓고 쌀알이 완전히 퍼질 때까지 은근히 끓인다.

5. **죽** 농도가 되면 소금으로 간을 하고 참기름을 넣어 그릇에 담아낸다.

Point

1. 백합은 오래 끓이면 질겨진다.
2. 김이 나올 경우 구워서 비닐봉지에 넣어 부순 다음 고명으로 올린다.

버섯죽

버섯은 칼로리가 낮고 식이섬유가 풍부하여 다이어트에도 좋으며 혈관 기능 개선과 변비 예방에도 도움을 준다.

i 요구사항

쌀은 싸래기 크기로 해서 사용하시오.

1. 재료 확인 → 2. 재료 분리 → 3. 재료 씻기

재료

- 쌀(불린 것) ······· 1/2C
- 소고기 ··············· 30g
- 표고버섯 ············ 2장
- 국간장
- 소금
- 참기름

소고기 · 표고 양념
- 간장 ················· 1T
- 다진 파 ············ 1/3t
- 다진 마늘 ········· 1/4t
- 깨소금 ············· 1/4t
- 참기름
- 후추

만드는 법

1 불린 표고는 얇게 포를 뜬 다음 곱게 채 썰어 양념한다.

2 소고기는 다져서 양념한다.

3 불린 쌀은 체에 받쳐 물기를 제거한 다음 방망이로 밀어 싸라기 크기로 으깨거나 절구에 빻는다.

4 양념한 표고, 소고기, 싸라기를 준비해 둔다.

5 참기름을 두르고 쌀을 볶다가 소고기와 표고버섯을 순서대로 넣어 볶은 후 쌀 분량의 6배 정도의 물을 조금씩 넣어가며 약한 불에서 쌀알이 완전히 퍼질 때까지 은근히 끓인다.

6 죽 농도가 되면 국간장과 소금으로 간을 맞춰 그릇에 보기 좋게 담는다.

Point

1. 표고버섯은 충분히 불려 손질한다.

전복죽

전복죽은 쌀이 적고 잠수 어업이 발달한 남해안 도서 지방에서
쌀을 아끼기 위하여 전복을 넣은 데에서부터 유래하였다.
전복은 단백질과 비타민 외에도 칼슘과 인 등 무기질이 풍부해 보양식으로 좋다.

요구사항

전복은 내장을 사용하지 않고 끓여서 사용하시오.

1. 재료 확인 → 2. 재료 분리 → 3. 재료 씻기

재료

- 전복 ·················· 1개
- 쌀(불린 것) ········ 1/2C
- 소금
- 참기름

만드는 법

1 **전복**은 면보로 검은 이물질을 깨끗이 닦아낸다.

2 깨끗이 씻은 **전복**은 내장을 제거하고 얇게 저며 채를 썬다.

3 **불린 쌀**은 체에 받쳐 물기를 제거한 다음 방망이로 밀어 싸라기 크기로 으깨어 놓고 채 썬 전복과 함께 준비해 둔다.

4 **참기름**을 두르고 **싸라기**를 넣어 투명해질 때까지 볶다가 **전복**을 넣어 볶은 후 쌀 분량의 6배 정도의 물을 조금씩 넣어가며 약한 불에서 쌀알이 완전히 퍼질 때까지 은근히 끓인다.

5 죽 농도가 되면 소금으로 간을 맞추고 그릇에 **전복**을 **고명**으로 얹어 모양 있게 담는다.

Point

1. 전복 등쪽의 해감을 깨끗이 닦아주어야 죽의 색이 깔끔하게 나온다.

타락죽

타락(駝酪)이란 우유를 가리키는 옛말이며
쌀을 갈아서 물 대신 우유를 넣어 끓인 무리죽이다.

ⅰ 요구사항

쌀은 갈아서 쌀물만 사용하시오.

1. 재료 확인 → 2. 재료 분리 → 3. 재료 씻기

재료

- 멥쌀 ············· 1/2C
- 우유 ············· 1C
- 소금, 설탕

만드는 법

1 믹서에 물과 **멥쌀**을 넣고 갈아서 고운체에 내린다.

2 체에 내린 **멥쌀물과 우유**를 준비해 둔다.

3 냄비에 멥쌀물을 붓고 중불에서 멍울이 생기지 않도록 저어가며 끓인다.

4 약불에서 **우유**를 조금씩 부어가며 죽이 어우러질 수 있도록 잘 저어가며 끓인다.

5 **죽**의 농도가 걸죽해지기 시작하면 설탕과 소금으로 간을 맞춘다.

Point

1. 우유를 넣을 때는 약불에서 조금씩 넣는 것이 좋다.

호박죽

달짝지근하고 부드러운 맛이 나며 노란색의 고운 빛깔이 난다.
칼로리는 낮고 비타민과 무기질이 풍부해 노화를 예방하고 식이섬유소가 많아 피부에 좋다.

i 요구사항

단호박은 삶아서 사용하시오.

1. 재료 확인 → 2. 재료 분리 → 3. 재료 씻기

재료

- 단호박 200g
- 불린팥 30g
- 찹쌀가루 1C
- 설탕
- 소금

만드는 법

1 **호박**은 길이로 3등분 정도로 토막 내어 한 조각씩 씨와 껍질을 제거한다.

2 **팥**은 푹 삶는다.

3 **손질한 재료**는 한데 모아 준비해 둔다.

4 냄비에 **호박**이 잠길 정도의 물을 붓고 뚜껑을 덮어 푹 물러지게 삶아 체에 내려준다.

5 **체에 내린 호박물**을 중간불에서 끓이다가 찹쌀가루 물을 조금씩 넣어가며 농도를 맞춘다.
푹 삶은 팥을 넣어 살짝 끓인 후 설탕, 소금으로 간한다.

Point

1. 팥은 푹 삶아 마지막에 넣고 살짝 끓여야 호박 색이 예쁘다.
2. 강낭콩이 나올 경우 팥과 동일하게 푹 삶아 조리해야 단호박 색이 예쁘다.
3. 찹쌀가루가 나오면 호박 삶은 물에 개어 사용하면 간단하다.

흑임자죽

흑임자는 검은깨를 말한다. 흑임자에는 필수 아미노산과 칼슘·철분·비타민 등 미네랄이 풍부하며 케라틴 성분으로 두피와 모발 건강에 좋다.

i 요구사항

1. 흑임자와 쌀을 갈아서 사용하시오.
2. 죽이 멍울지지 않게 끓이시오.

1. 재료 확인 → 2. 재료 분리 → 3. 재료 씻기

재료

- 멥쌀 ············· 1/2C
- 검은깨 ············· 1/2C
- 소금
- 설탕

만드는 법

1 **검은깨**는 물을 부어 믹서에 곱게 갈아 아래 체는 고운 체, 위에 체는 굵은 체에 거른다.

2 믹서에 **멥쌀**과 **물**을 붓고 갈아서 아래 체는 고운 체, 위에 체는 굵은 체에 거른다.

3 **손질한 재료**는 한데 모아 준비해 둔다.

4 냄비에 갈아 놓은 **검은깨와 멥쌀물**을 붓고 센불에 멍울이 생기지 않도록 저으면서 끓인다.

5 끓으면 중불로 낮추어 뚜껑을 덮고 저으면서 끓이다가 죽이 어우러지면 **소금과 설탕**으로 간을 맞추고 조금 더 끓인다.

Point

1. 설탕대신 꿀이 제공될 수 있다.
2. 고운 체 밑에 굵은 체를 위로 하면 한번에 곱게 거를 수 있고 시간을 절약할 수 있다.

계감정

계감정은 옛날 봄철 임금님의 수랏상에 빠지지 않고 올렸던 고추장 찌개로 담백하고 얼큰한 국물 맛이 특징이다.

i 요구사항

고추장과 된장을 사용하시오.

1. 재료 확인 → 2. 재료 분리 → 3. 재료 씻기

재료

- 꽃게 ················· 1마리
- 소고기 ··············· 60g
- 두부 ················· 50g
- 숙주 ················· 30g
- 무 ··················· 50g
- 대파 ················· 30g
- 달걀 ················· 1개
- 고추장 ··············· 3T
- 된장 ················· 1T
- 마늘 ················· 2개
- 밀가루

소 양념
- 소금 ················ 약간
- 다진 파 ············ 1/3t
- 다진 마늘 ·········· 1/4t
- 참기름
- 깨소금
- 후추

만드는 법

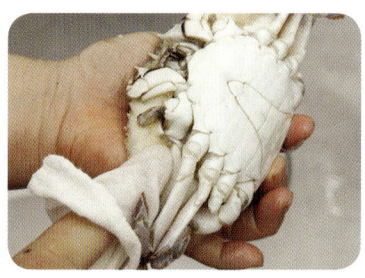

1 **게**는 흐르는 물에 면보로 닦아 깨끗이 씻은 다음 딱지를 떼어 모래주머니와 아가미를 제거하고 속살은 발라낸다. 등딱지와 집게다리는 떼어내어 육수로 사용한다.

2 냄비에 **살을 발라낸 껍질과 집게다리**는 물 4컵, 마늘, 대파, 생강을 넣고 끓인 다음 체에 면포를 놓고 받쳐 게 육수를 만든다.

3 **소고기**는 곱게 다지고 두부는 칼등으로 으깬 다음 면포로 물기를 꼭 짠다.
숙주는 데쳐서 송송 썬 후 면포로 물기를 꼭 짠다.
무는 2×2×0.3cm 크기로 납작하게 썰고 **대파**는 어슷하게 썬다.

4 볼에 **모든 소 재료**와 발라낸 게살을 담고 소 양념을 넣어 잘 버무린다. 등딱지 안쪽에 밀가루를 얇게 뿌린 소를 채워 넣고 밀가루와 달걀을 묻혀 달군 팬에 식용유를 살짝 두르고 지진다.

5 냄비에 게육수 4컵을 넣고 **고추장과 된장**을 체에 내려 풀어준다.

6 5가 끓으면 **무**를 넣고 반쯤 익은 후 지져낸 게를 넣고 끓여 익으면 **다진 마늘과 대파**를 넣고 살짝 끓여 담아낸다.

Point

1. 게딱지에 밀가루를 골고루 잘 발라줘야 소와 분리되지 않는다.
2. 소를 넣고 밀가루와 달걀을 묻힌 후 팬에 지진 다음 끓인다.

도미면

조선시대에 처음 만들어진 음식으로 그 맛이 춤과 노래보다 더 낫다 하여
'승기악탕'이라 불리었다.

i 요구사항

1. 도미는 머리 꼬리를 남긴 채로 포를 뜨고 포를 뜨고 남은 도미는 지져 사용하시오.
2. 포 뜬 도미는 4cm 정도의 크기로 전을 부치고, 완자는 1.2cm 크기로 10개 만들며, 돌려 담은 재료는 폭 2cm, 길이 4cm 정도의 크기로 만드시오.
3. 전유어, 황백지단, 석이지단, 표고버섯, 목이버섯, 홍고추, 미나리초대, 편육, 소고기, 소고기완자, 당면, 견과류, 쑥갓을 담아 완성하시오.

1. 재료 확인 ➡ 2. 재료 분리 ➡ 3. 재료 씻기

재료

- 도미 ············· 1마리
- 소고기 ············ 100g
- 홍고추 ············· 1개
- 표고버섯 ············ 2장
- 미나리 ············ 3줄기
- 석이버섯 ············ 10g
- 두부 ············· 30g
- 목이버섯 ············ 2장
- 당면 ············· 30g
- 쑥갓 ············· 30g
- 호두 ·············· 2개
- 은행 ·············· 5알
- 잣 ··············· 10알

- 달걀 ·············· 3개
- 밀가루 ············· 5T

향미채소

- 대파 ············· 30g
- 마늘 ·············· 2개
- 생강 ············· 20g

육수

- 소고기(사태) ······· 30g
- 국간장
- 소금

소고기·표고·목이·완자 양념

- 간장 ·············· 2T
- 설탕 ·············· 1t
- 다진 파 ··········· 1/3t
- 다진 마늘 ········· 1/4t
- 깨소금, 후추, 참기름

완자 양념

- 소금, 설탕, 다진 파, 다진 마늘, 깨소금, 후추, 참기름

만드는 법

1 찬물에 소고기와 향미 채소를 넣고 푹 끓인 다음 체에 면포를 놓고 받쳐 국간장과 소금으로 간하여 육수를 만들고 편육은 편으로 썬다.
도미는 수저나 칼로 비늘을 긁어 아가미와 내장을 제거한 후 3장 뜨기 하고 도미뼈는 소금, 후추로 간을 하여 밀가루, 달걀을 묻혀 지진다.

2 **껍질을 벗긴 도미살**은 4cm 크기로 포를 떠서 소금, 후추로 밑간 한 다음 밀가루, 달걀을 묻혀 지진다.
당면은 찬물에 불려두고 쑥갓은 찬물에 담가둔다.

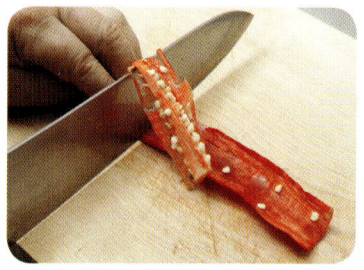

3 **홍고추, 풋고추**는 반을 갈라 얇게 포뜬 후 2×4cm 크기로 썬다.
석이는 곱게 다져 놓는다.
달걀은 황·백으로 분리 후 흰자 1/2은 석이와 섞어 지단을 부쳐 각각 2×4cm 크기로 썬다.
미나리는 줄기 부분만 손질하여 미나리 초대를 만들어 2×4cm 크기로 썬다.

4 **목이버섯**은 불려서 하나씩 뜯고 **표고버섯**은 2×4cm 크기로 썰어 양념을 한다.
호두는 뜨거운 물에 불려서 꼬치로 속껍질을 벗긴다. **은행**은 열이 오른 팬에 기름을 두르고 볶아 껍질을 벗기고 잣은 고깔을 떼어 놓는다.

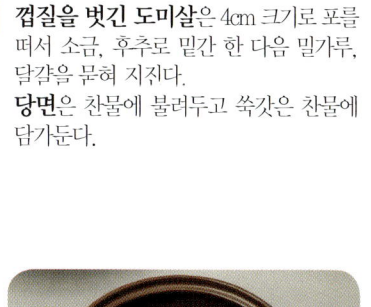

5 **소고기** 1/2은 채 썰어 양념한 후 전골냄비에 편육과 함께 깔아 놓고 나머지는 곱게 다진다. **두부**는 칼등으로 으깬 다음 면포로 물기를 꼭 짠다. 다진 고기와 두부를 합하여 양념을 한 후 직경 1.5cm 크기의 **완자를 10개** 정도 만들어 밀가루, 달걀 순으로 묻혀 팬에 굴려가며 익힌다.

6 전골냄비에 **도미 뼈**를 놓고 **생선전**을 가지런히 모아 담는다.
도미 위쪽으로 흰지단, 미나리초대, 황지단, 홍·풋고추, 석이지단, 표고 순으로 돌려 담고 은행, 목이, 호두, 당면, 완자, 쑥갓을 보기 좋게 담는다. **뜨거운 육수**를 부어 약한 불에서 보글보글 끓여낸다.

Point

1. 소고기 편육과 육회는 바닥에 깐 다음 반드시 육회를 익혀 제출한다.
2. 도미전은 삼장뜨기 한 살을 등쪽으로 위 아래를 사용해야 도톰하게 만들 수 있다.
3. 홍고추는 칼로 속살까지 포 뜨듯이 씨 제거를 하면 편리하다.

면신선로

면신선로는 신선로에 해산물과 생채를 넣고 육수를 부어 끓인 다음
삶은 국수를 대접에 담아 끓인 신선로를 얹어 먹는 온면이다.

i 요구사항

1. 황백지단, 석이지단, 미나리초대, 편육, 홍고추를 0.3×2×5cm 크기로 썰어 사용하시오.
2. 새우, 관자, 해삼, 죽순은 데쳐서 사용하시오.
3. 소면은 삶아 따로 제출하시오.

1. 재료 확인 → 2. 재료 분리 → 3. 재료 씻기

재료

- 소고기(우둔살) …… 60g
- 관자 ………………… 2개
- 새우 ………………… 3마리
- 해삼(불린 것) …… 80g
- 죽순 ………………… 50g
- 쪽파 ………………… 3뿌리
- 쑥갓 ………………… 2줄기
- 홍고추 ……………… 1개
- 미나리 ……………… 3줄기
- 달걀 ………………… 2개
- 석이버섯 …………… 10g
- 소면 ………………… 30g

육수
- 소고기(양지) …… 50g
- 대파 ………………… 30g
- 마늘 ………………… 2개
- 생강 ………………… 20g
- 국간장 ……………… 1/2t
- 소금 ………………… 1t

육회 양념
- 간장 ………………… 1T
- 설탕 ………………… 1t
- 다진 파 …………… 1/3t
- 다진 마늘 ………… 1/4t
- 깨소금
- 참기름
- 후추

만드는 법

1. 냄비에 소고기 양지와 향미 채소를 찬물 5C에 넣고 끓인 다음 체에 면보를 넣고 받쳐 국간장과 소금으로 육수를 만들어 식혀둔다.
편육은 0.3×2×5cm 크기로 썬다.
소고기는 채 썰어 양념을 하여 육회를 만든다.

2. **달걀**은 황·백으로 분리 후 흰자 1/2은 석이와 섞어 지단을 부쳐 각각 2×5cm 크기로 썬다.
미나리는 줄기 부분만 손질하여 미나리 초대를 만들어 2×5cm 크기로 썬다.
쑥갓, 쪽파는 5cm 길이로 썰어두고 홍고추는 반을 갈라 얇게 포뜬 후 2×5cm 크기로 썬다.

3. **새우**는 내장을 제거한 후 꼬지로 모양을 고정시켜 끓는 물에 데친 후 껍질을 벗기고 편으로 저며준다.
관자는 막과 흰 부분을 제거하여 0.3cm 두께로 저며 살짝 데친다.
죽순은 빗살무늬를 살려 편으로 썰어 끓는 물에 살짝 데친다.
해삼은 끓는 물에 살짝 데쳐낸 후 2×5cm 크기로 납작하게 저며 썬다.

4. **국수**는 삶아서 찬물에 헹궈 꽈리를 만든 후 제출 전에 끓는 육수에 토렴하여 그릇에 따로 제출한다.

5. **손질한 재료**를 한데 모아 준비해 둔다.

6. 신선로 틀 바닥에 재료 자투리를 깔고 그 위에 **육회와 편육**을 고르게 놓는다. 골패모양으로 썬 재료를 조화롭게 돌려 담고 육수를 부어 끓인 후 **쑥갓**을 넣어 살짝 익혀 제출한다.

Point
1. 신선로 바닥에 깔아놓은 육회는 반드시 익어야 한다.
2. 해삼이 두꺼우면 포를 뜬 후 겉부분만 사용한다.

무맑은국

무맑은국은 무를 얇게 썰어 끓인 맑은 장국이다.
조선시대 궁중에서도 일상적으로 먹던 음식으로 '무황볶이탕'이라고도 한다.

i 요구사항

국물을 맑게 끓여 내시오.

1. 재료 확인 ➡ 2. 재료 분리 ➡ 3. 재료 씻기

재료

- 소고기 사태 ········ 70g
- 무 ························· 70g
- 다시마 ················· 1장
- 대파 ············· 1/4토막
- 참기름
- 국간장
- 소금
- 파채

소고기 양념
- 국간장
- 다진 마늘
- 후추가루
- 참기름

만드는 법

1 소고기는 핏물을 제거한 후 4.5×4.5×0.3cm 크기로 썰어 양념한다.

2 무는 3×3×0.3cm 크기로 썰고 다시마는 2.5×2.5cm 크기로 썬 다음 대파를 3cm 길이로 썬다.

3 손질한 재료를 한데 모아 둔다.

4 냄비에 **참기름 1t**를 넣고 소고기와 볶다가 무를 넣고 볶은 후 물 3C을 넣고 끓인다.

5 **다시마**를 중간에 넣고 끓인 다음 무가 투명하게 익으면 국간장으로 색을 내고 소금 간한다.

6 고명으로 **대파채**를 놓고 남은 뜨거운 국물을 끼얹어 익혀 낸다.

Point

1. 대파채는 남은 뜨거운 국물을 끼얹어 익혀 낸다.

아욱국

아욱과 새우를 넣고 끓인 국으로 '가을 아욱국은 문 닫아 걸고 먹는다'라는 속담이 있을 정도로 맛이 좋고 영양가도 높다.

| 요구사항

아욱은 푹 무르도록 익혀 제출하시오.

1. 재료 확인 ➡ 2. 재료 분리 ➡ 3. 재료 씻기

재료

- 아욱 ············· 100g
- 멸치 또는 새우 ····· 30g
- 대파 ············· 1/2개
- 된장 ············· 2T
- 다진 마늘 ········ 1/3t
- 소금
- 국간장

만드는 법

1 **멸치**는 머리와 내장을 제거한 후 냄비에 물 3C을 넣고 끓여 면보에 걸러 육수를 만든다.

2 **아욱**은 질긴 부분을 잘라내고 껍질을 벗겨 연한 줄기는 그대로 하여 푸른 물이 빠지게 치대어 풋내를 없앤다.

3 **대파**는 통으로 어슷 썰고 **마늘**은 곱게 다진다.

4 **멸치 육수**에 된장을 체에 걸러서 풀어 놓는다.

5 아욱을 넣고 20~30분 정도 푹 끓인다.

6 아욱이 부드러워지면 다진 마늘을 넣고 국간장과 소금으로 간한 후 어슷썬 대파를 넣고 불을 끈 뒤 그릇에 보기 좋게 담는다.

Point

1. 아욱은 푸른물이 빠지도록 잘 치대야 풋내를 줄일 수 있다.
2. 아욱은 푹 끓여내야 한다.
3. 멸치 대신 새우가 나올 경우는 새우 수염 부분만 다듬어서 육수를 내어 사용한다.

용봉탕

용봉탕은 주재료인 잉어를 용(龍)으로, 닭을 봉황(鳳)으로 비유한 상징적 이름을 갖고 있는 보양식이다.

i 요구사항

1. 닭은 삶아 닭 육수로 사용하시오.
2. 잉어는 3~4토막 내서 사용하시오.

1. 재료 확인 → 2. 재료 분리 → 3. 재료 씻기

재료

- 닭 ············· 1/2마리
- 잉어(붕어) ······ 1마리
- 표고버섯 ············ 2개
- 밤 ················ 2개
- 대추 ··············· 2개
- 달걀 ··············· 1개
- 석이버섯 ············ 1장
- 대파 ·············· 30g
- 마늘 ··············· 2개

닭고기 양념

- 소금 ·············· 1/3t
- 다진 파 ············ 1/3t
- 다진 마늘 ·········· 1/4t
- 백후추

만드는 법

1 닭은 깨끗이 손질한 후 향미 채소를 넣어 푹 끓이고 닭육수는 체에 면보를 깔고 걸러 소금, 국간장으로 간한다.

2 잉어는 머리 밑 등뼈와 꼬리 쪽 뼈에 칼집을 넣어 핏물을 뺀다.

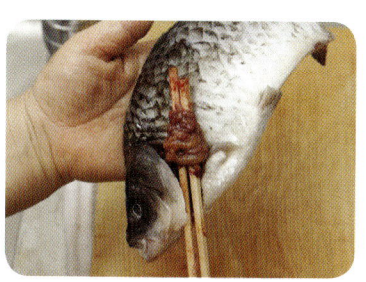

3 핏물을 뺀 잉어는 비닐과 지느러미를 제거하고 나무 젓가락을 사용하여 아가미를 통해 배까지 깊숙히 넣어 내장을 제거한 후 크기에 따라 3~4토막으로 잘라둔다.

4 밤은 껍질을 벗기고 표고버섯은 불려서 기둥을 제거하고 2~3등분 한다.
달걀은 황·백지단을 부쳐 4×0.8cm 크기로 썬다.
석이버섯은 불려서 양손으로 비벼 씻은 후 채 썰어 소금, 참기름으로 양념해 볶는다.
토막낸 잉어와 삶아 놓은 닭도 함께 준비해 둔다.

5 닭살은 잘게 찢어 양념한다.

6 닭육수에 잉어, 밤, 대추, 표고버섯을 넣은 후 끓여 준다.
그릇에 잉어와 양념한 닭살, 밤, 대추, 표고를 담고 고명으로 황·백지단, 석이버섯을 올린다.

Point

1. 잉어는 핏물을 완전히 제거해야 비린맛을 줄일 수 있다.
2. 실고추가 나올 경우 고명으로 올린다.

임자수탕

삼복더위에 먹던 음식으로 깨와 잣을 넣어 만든 냉탕이다.
'임자'는 참깨를 말하며, 임자수탕은 백마자탕(白麻子湯)이라고도 한다.

┃요구사항

1. 황·백지단, 석이지단, 미나리초대, 홍고추, 풋고추, 표고버섯을 2×3.5cm 골패형으로 썰어 사용하시오.
2. 완자를 만들어 올리시오.
3. 깻국을 만들어 섞어 내시오.

1. 재료 확인 → 2. 재료 분리 → 3. 재료 씻기

재료

- 닭 1/2마리
- 참깨 1/2C
- 미나리 3줄기
- 달걀 2개
- 표고버섯 2장
- 석이버섯 3장
- 오이 1/2개
- 홍고추 1개
- 잣 1t
- 녹말가루 1/2C
- 밀가루 2T
- 소고기 50g
- 대파 1/2대
- 마늘 2개
- 생강 1톨
- 백후추
- 꼬치 1개

소고기 완자 양념
- 소금 1/2t
- 설탕 1/3t
- 다진 파 1/3t
- 다진 마늘 1/4t
- 깨소금
- 참기름
- 후추

만드는 법

1 **오이**는 가시 제거 후 껍질 부분만 도톰하게 벗겨 1.5×4cm 크기로 썬다.
홍고추는 반으로 갈라 1.5×4cm 크기로 썬다. **표고버섯**은 기둥을 제거하고 1.5×4cm 크기로 썬다. **석이버섯**은 불려서 소금으로 문질러 씻은 후 모양 그대로 사용한다.
소고기는 곱게 다져 1.5cm 크기의 완자를 만들어 밀가루, 달걀 순으로 부쳐 팬에 굴려가며 익혀 키친타올에 기름기를 제거한다.

2 **닭**은 깨끗이 씻어 향미채소를 넣고 푹 끓인 다음 육수는 체에 면포를 놓고 받쳐 소금 간하여 식히고 닭살은 잘게 찢어 소금, 후추로 간을 한다.
깨는 절구에 빻거나 믹서에 곱게 갈아 닭육수를 넣고 작은 굵은체와 큰 고운체를 겹쳐 걸러 놓고 소금, 후추로 간한 다음 깻국을 만든다.

3 **황·백지단, 석이지단, 미나리초대**를 제외한 오이, 홍고추, 표고버섯을 녹말가루에 묻혀 놓는다.

4 **녹말가루** 묻혀놓은 오이, 홍고추, 표고버섯은 끓는 물에 데친다.

5 끓는 물에 데친 **오이, 홍고추, 표고버섯**은 바로 찬물에 헹구고 2~3번 반복한다.

6 **미나리**는 줄기 부분만 꼬치에 가지런히 꽂아 밀가루, 달걀 순으로 묻혀 팬에 지져낸 후 1.5×4cm 크기로 썬다.
달걀은 황·백으로 분리 후 흰자 1/2은 석이와 섞어 지단을 부쳐 각각 1.5×4cm 크기로 썬다.
그릇에 양념한 닭고기를 담은 후 고명을 색맞추어 돌려 담고 그 위에 완자와 잣을 올린 후 깻국을 부어준다.

Point

1. 깨는 방망이로 빻거나 믹서기로 간다.
2. 깻국을 만들 때 굵은체를 위로 얇은체를 아래로 겹쳐 사용하면 시간을 절약할 수 있다.
3. 오이는 가시 제거를 반드시 한다.

삼계탕

삼계탕은 영계 뱃 속에 찹쌀과 마늘, 대추, 인삼 등을 채워 물을 부어 통째로 푹 삶아 만든 여름철 대표 음식이다. 단백질과 아미노산을 포함한 다양한 영양분이 들어있어 삼복더위에 지친 체력을 보충해주는 데 좋다.

요구사항

삼계닭은 깨끗이 씻어 사용하시오.

1. 재료 확인 → 2. 재료 분리 → 3. 재료 씻기

재료

- 닭 ·············· 1마리
- 찹쌀 ············ 3T
- 은행 ············ 3알
- 마늘 ············ 2개
- 수삼 ············ 1뿌리
- 대추 ············ 2개
- 밤 ·············· 2개
- 미나리 ·········· 3줄기
- 달걀 ············ 1개
- 생강 ············ 1톨
- 소금 ············ 1T
- 후추 ············ 약간

만드는 법

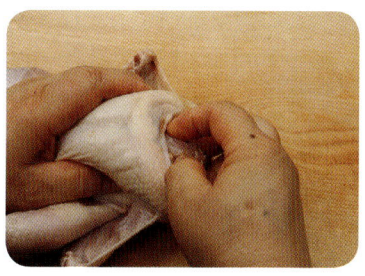

1 **닭**은 배 속 뼈에 붙어 있는 내장과 혈관까지 깨끗이 씻은 후 목은 자르지 않고 꺾어서 안쪽으로 넣어준다.

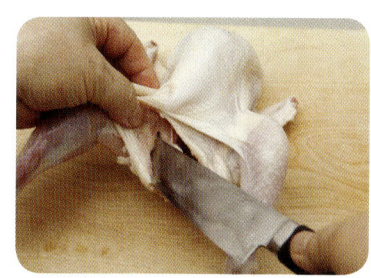

2 **닭다리** 안쪽에 칼집을 넣는다.
수삼과 대추는 깨끗이 씻어둔다.
밤은 껍질을 벗겨둔다.

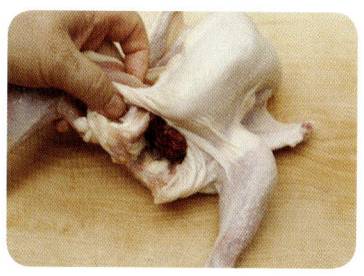

3 **찹쌀**은 깨끗이 씻어 불린다.
목쪽부터 대추 한 개를 넣고 찹쌀 2T, 마늘 1개, 입구쪽으로 밤 1개로 막는다.
은행은 열이 오른 팬에 기름을 두르고 볶아 껍질을 벗긴다.

4 닭 배 속에 넣은 **대추, 찹쌀, 마늘, 밤**이 빠져나오지 않도록 칼집 사이로 다리가 서로 엇갈리게 끼운다.
양쪽 날개쪽은 꼬지로 꽂아 고정한다.

5 **미나리**는 줄기 부분만 미나리 초대를 부쳐 마름모꼴로 썬다.
달걀은 황·백지단을 부쳐 마름모꼴로 썬다.

6 냄비에 닭을 넣고 **생강, 수삼, 대추 1개, 밤 1개, 마늘 1개**를 넣고 푹 무르도록 삶는다. 닭이 익으면 건져내고 국물은 면포에 걸러 소금, 후추로 간을 한다.
그릇에 **닭과 수삼, 대추, 미나리초대, 황·백지단**을 고명으로 올리고 육수를 뜨겁게 데워 부어서 낸다.

Point

1. 닭목은 자르지 않고 꺾어서 안쪽으로 잘 넣어주어야 닭속에 넣은 재료들이 빠져 나오지 않는다.
2. 닭은 1시간 정도 삶아야 속에 넣은 찹쌀이 푹 익는다.

신선로

신선로(神仙爐)에 어육과 채소 등을 다양하고 호화롭게 갖추어 끓인 음식이다. 궁중에서는 '맛이 좋은 탕'이라는 뜻에서 '열구자탕(悅口資湯)'이라 하였다.

요구사항

1. 황·백지단, 석이지단, 미나리초대, 표고버섯은 골패형으로 썰어 사용하시오.
2. 동태살은 전을 부쳐 사용하시오.

1. 재료 확인 → 2. 재료 분리 → 3. 재료 씻기

재료

- 소고기(우둔) ······ 100g
- 무 ······ 100g
- 당근 ······ 60g
- 죽순 ······ 50g
- 미나리 ······ 40g
- 표고버섯 ······ 3장
- 석이버섯 ······ 4~5장
- 천엽 ······ 100g
- 동태살 ······ 80g
- 두부 ······ 30g
- 달걀 ······ 3개
- 호두 ······ 3개
- 은행 ······ 10개
- 꼬치 ······ 1개

향미 채소

- 대파 ······ 1토막(4cm)
- 마늘 ······ 2개

육수

- 소고기(사태) ······ 50g
- 국간장, 소금

소고기채 양념

- 간장 ······ 2t
- 다진 파 ······ 1t
- 다진 마늘 ······ 1/2t
- 참기름, 후추

완자 양념

- 소금, 다진 파·마늘, 깨소금, 후추, 참기름

만드는 법

1 찬물에 **무**와 **당근**을 넣어 익힌 후 2×5cm 크기로 썬다. 소고기 사태와 향미 채소를 넣고 푹 익으면 체에 면포를 놓고 받쳐 국간장과 소금으로 간하여 육수를 만든다. **편육**은 0.3×2×5cm 크기로 썬다. **소고기** 2/3는 채 썰어 양념하여 육회를 만들고 소고기 1/3은 다져서 완자용으로 남겨둔다.

2 **천엽**은 밀가루로 주물러 깨끗이 씻은 후 살짝 데쳐 검은막을 계량스푼으로 긁고 칼집을 넣어 소금, 후추로 밑간하여 밀가루, 달걀 흰자를 입혀 전을 부친다.

3 **달걀**은 황·백으로 분리 후 흰자 1/2은 석이와 섞어 지단을 부쳐 각각 2×5cm 크기로 썬다.
미나리는 줄기 부분만 미나리초대를 2×5cm 크기로 썬다.
죽순은 빗살무늬를 살려 편으로 썰어 끓는 물에 살짝 데친다.

4 **동태살**은 가시 등을 제거하고 얇게 포를 떠서 소금, 후추로 밑간하여 달걀을 입혀 전을 부친다.
두부는 으깬 다음 물기를 제거한다.
완자용 고기와 두부를 합하여 양념을 한 후 고루 섞어서 직경 1.5cm 크기의 완자를 만들어 밀가루, 달걀 순으로 묻혀 팬에 굴려가며 익혀준다.

5 **호두**는 뜨거운 물에 불려 꼬치로 속껍질을 벗긴다. **은행**은 팬에 식용유와 소금을 넣고 볶아서 껍질을 벗긴다. **잣**은 고깔을 떼어 준비한다.

6 신선로 틀 바닥에 **편육, 무, 당근 자투리**를 깔고 그 위에 육회를 고르게 놓은 다음 그 위에 골패모양으로 썬 재료들을 색 맞추어 돌려 담는다. 재료들 위에 **호두, 은행, 잣, 완자**를 고명으로 얹고 신선로에 육수를 부어 끓어낸다.

Point

1. 천엽은 조리 시 많이 줄어들기 때문에 잔 칼집을 많이 넣어 크게 부친다.
2. 신선로 바닥에 놓은 육회는 반드시 익혀서 제출한다.
   (음식이 안익거나 탈 경우 실격처리 되기 때문에 주의한다.)
3. 신선로 틀에 맞추어 길이를 자른다(예: 5cm가 아닐 수 있다.)

조랭이떡국

새해 아침에 먹는 개성지방의 음식이다. 아이들의 설빔에 주머니 끈이나 옷끈에 다는 조롱박이 액막이를 한다 하여 조롱박 모양과 비슷한 조랭이떡국을 끓여 먹었다고 한다.

i 요구사항

조랭이떡은 15개 이상 만드시오.

1. 재료 확인 → 2. 재료 분리 → 3. 재료 씻기

재료

- 멥쌀가루 ············ 1C
- 달걀 ················· 1개
- 대파 ················· 1/4개
- 마늘 ················· 2개
- 미나리 ··············· 2줄기

육수

- 소고기(양지) ······ 100g
- 국간장
- 소금

향미채소

- 대파 ················· 1/4개
- 마늘 ················· 2개
- 생강

만드는 법

1 멥쌀가루에 소금물을 약간 넣어 고루 비벼 체에 내린 다음 김이 오른 찜통에 10분 정도 찐다.
찬물에 소고기와 향미 채소를 넣고 푹 끓인 다음 체에 면포를 놓고 받쳐 국간장과 소금으로 간하여 육수를 만든다.

2 절구에 **찐 멥쌀가루**를 넣고 차지게 될 때까지 찧는다.

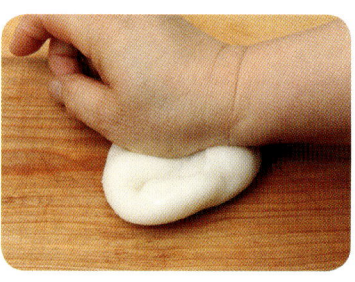

3 차지게 된 **멥쌀가루**를 도마 위에서 다시 한번 손으로 치댄다.

4 **달걀**은 황·백지단을 부쳐 마름모꼴로 썬다.
미나리는 줄기 부분만 미나리초대를 만들어 마름모꼴로 썬다.

5 **멥쌀 반죽**은 1.5cm 굵기로 길게 만든 다음 튀김 젓가락으로 문질러 2.5cm 길이로 잘라 **조랭이떡**을 만든다.

6 육수가 끓으면 **조랭이떡**을 넣고 익어서 떠오르면 그릇에 소복하게 담고 **황·백지단, 미나리초대**를 고명으로 얹어 낸다.

Point

1. 실고추가 나올 경우 고명으로 사용한다.
2. 도마 위에서 다시 한번 치대면 매끄럽다.
3. 조랭이 떡을 만들 때 양손이 동시에 움직여야 떡의 가운데 부분이 가늘고 예쁘다.

초교탕

닭고기, 소고기, 도라지, 미나리 등을 밀가루에 풀고 개어서 맑은 장국으로 끓인 음식이다.
도라지를 사용하여 기침, 가래 등 기관지에 좋다.

요구사항

초교탕의 건더기는 한입 크기만큼 떠 넣어
끓여 제출하시오.

1. 재료 확인 → 2. 재료 분리 → 3. 재료 씻기

재료

- 닭 ………… 1/2마리
- 소고기 ………… 50g
- 도라지 ………… 50g
- 미나리 ………… 30g
- 표고버섯 ……… 2장
- 달걀 ………… 1개
- 밀가루 ………… 3T
- 대파 ………… 1/4개
- 마늘 ………… 2개
- 생강 ………… 1톨
- 소금 ………… 1t

닭살양념

- 소금
- 다진 파
- 다진 마늘
- 후추
- 참기름

만드는 법

1 닭은 깨끗이 씻어 냄비에 대파, 마늘, 생강을 넣고 푹 끓인 다음 육수는 체에 면포를 받쳐 소금 간하여 식히고 닭살은 잘게 찢어 양념한다.

2 핏물을 뺀 **소고기**는 곱게 다져 놓는다.
표고버섯은 불려서 기둥을 제거하고 채 썬다.
미나리는 줄기 부분만 3cm 길이로 썰어 소금물에 살짝 데친다.
도라지는 미나리줄기 굵기로 채 썰어 소금에 절여 쓴맛을 제거한다.

3 볼에 찢어놓은 **닭살, 곱게 다진 소고기, 채 썬 표고버섯, 미나리, 도라지, 달걀, 밀가루**를 넣는다.

4 볼에 **손질한 재료**를 넣고 섞는다.

5 닭육수가 끓으면 버무린 재료를 한 수저씩 떠 넣고 끓어오르면 소금으로 간한 다음 **참기름 한 방울**과 후추를 넣어준다.

Point

1. 밀가루의 양을 잘 조절해야 반죽이 풀어지지 않는다.
2. 닭살의 양념은 수험자 개인의 양이 약간씩 다르므로 숙련된 기능으로 알맞게 양념한다.

명란젓찌개

명란젓찌개는 명란젓과 소고기, 무, 두부 등을 넣고 새우젓과 소금으로 간하여 끓이는 맑은 찌개이다. 겨울철에 즐겨먹는 음식으로 명란젓에는 비타민 B가 풍부하여 피로회복에 좋다.

요구사항

명란젓찌개는 전량을 제출하시오.

1. 재료 확인 → 2. 재료 분리 → 3. 재료 씻기

재료

- 명란젓 ················· 1개
- 소고기 양지 ········ 50g
- 무 ························ 50g
- 두부 ····················· 50g
- 실파 ····················· 2줄기
- 새우젓 ················· 15g
- 다진 마늘 ············ 1/2t
- 참기름 ················· 1t
- 소금

소고기 양념

- 국간장
- 다진 마늘
- 후춧가루
- 참기름

만드는 법

1. **소고기**는 핏물을 제거한 후 0.3×3×3cm 크기로 썰어 소고기 양념을 한다. **마늘**은 곱게 다진다.

2. **두부**는 0.8×3×3cm 크기로 썬다. **무**는 0.5×3×3cm 크기로 썬다. **실파**는 3cm 길이로 썬다.

3. **명란젓**은 3cm 길이로 썰고 **새우젓**은 국물만 준비한다.

4. 손질한 재료를 한데 모아 둔다.

5. 냄비에 참기름을 두르고 양념한 **소고기**를 볶다가 **무**를 넣고 투명하게 익으면 두부를 넣는다.

6. 5에 **명란젓, 새우젓 국물, 다진 마늘**을 넣고 소금 간한 다음 **실파**를 넣고 불을 끈다.

오이감정

고추장, 된장을 풀어 넣은 장국에 오이를 넣고 끓인 찌개이다.
칼슘이 많아 나트륨 배출에 좋고 몸을 맑게 해준다.

i 요구사항

오이는 삼각지게 썰어 사용하시오.

1. 재료 확인 → 2. 재료 분리 → 3. 재료 씻기

재료

- 오이 ·············· 1/2개
- 소고기 ············ 80g
- 청·홍고추 ······ 각 1개
- 대파 ·············· 1/2개
- 고추장 ············ 3T
- 된장 ·············· 1T
- 마늘 ·············· 1t

소고기 양념
- 간장 ·············· 1t
- 다진 마늘 ········ 1/4t
- 후추
- 참기름

만드는 법

1 오이를 소금으로 비벼 씻은 다음 가시제거를 한 후 삼각지게 썬다.

2 소고기를 납작하게 편으로 썰어 소고기 양념을 한다.

3 **홍고추, 풋고추**는 어슷하게 썰어 씨를 제거한다.
대파는 3cm 길이로 어슷하게 썬다.

4 물을 붓고 **고추장 3T, 된장 1t**을 체에 걸러서 풀어 놓는다.

5 냄비에 참기름을 두르고 **소고기**를 볶은 다음 만들어 놓은 **4의 장국**을 부어준다.

6 오이를 넣고 끓이다가 푹 익으면 **다진 마늘, 대파, 청·홍고추**를 넣고 한소끔 더 끓여 낸다.

Point

1. 오이 감정은 오이가 변색 될 때까지 푹 익혀야 한다.

녹두빈대떡

간 녹두에 김치, 돼지고기를 넣고 납작하게 부쳐 먹는 평안도의 전통음식이다.
빈대떡에 들어가는 녹두는 철분과 카로틴이 많고 해독 작용도 뛰어나 피로회복에 좋다.

요구사항

1. 녹두빈대떡은 6cm 크기로 지져서 제출하시오.
2. 초간장을 곁들어 제출하시오.

1. 재료 확인 ➡ 2. 재료 분리 ➡ 3. 재료 씻기

재료

- 녹두가루 ············· 1C
- 돼지고기 ············· 40g
- 배추김치 ············· 40g
- 고사리 ··············· 20g
- 숙주 ················· 20g
- 쪽파 ················· 20g
- 홍고추 ··············· 1개
- 소금 ················· 1t
- 참기름
- 깨소금

돼지고기 양념

- 간장 ················· 1t
- 설탕 ················· 1/2t
- 다진 파 ·············· 1/3t
- 다진 마늘 ············ 1/4t
- 생강즙
- 깨소금
- 후추, 참기름

초간장

- 간장 ················· 1T
- 식초 ················· 1T
- 설탕 ················· 1/2T

만드는 법

1 **돼지고기**는 다져서 양념을 한다.
숙주는 거두절미하고 데친 후 송송 썰어 물기를 제거하고 소금, 참기름으로 간 한다.

2 **고사리**는 데쳐서 송송 썰어 간장, 다진 파, 다진 마늘, 참기름으로 간한다.
배추김치는 물기를 짜내 송송 썬다.
쪽파는 송송 썬다.
홍고추는 통으로 얇게 썰어서 물로 헹궈 씨를 제거한 후 고명으로 사용한다.

3 **녹두가루**에 물을 넣어 반죽 농도를 만든다.

4 **손질한 재료**를 준비해 둔다.

5 **녹두반죽**에 돼지고기, 배추김치, 고사리, 숙주, 쪽파를 넣고 섞어 소금으로 간한다.

6 달군 팬에 기름을 두르고 지름 6cm 크기로 전을 부치면서 **홍고추를 고명으로** 얹어서 노릇하게 지진다.
초간장을 곁들여 낸다.

Point

1. 불린 녹두가 나올 경우 믹서기에 갈아 사용한다.

느타리버섯산적

느타리버섯은 한국인이 가장 많이 먹는 버섯 중 하나이다.
대장 내에서 콜레스테롤 등 지방의 흡수를 방해하여 비만 예방에 좋다.

ⅰ 요구사항

느타리버섯산적은 2개를 제출하시오.

1. 재료 확인 → 2. 재료 분리 → 3. 재료 씻기

재료

- 느타리버섯 ········ 100g
- 소고기 ············· 60g
- 쪽파 ················ 30g
- 산적꼬치 ············ 2개

소고기 양념

- 간장 ················· 2t
- 설탕 ················ 1/3t
- 다진 파 ············ 1/3t

- 다진 마늘 ·········· 1/4t
- 깨소금 ············· 1/4t
- 후추
- 참기름

만드는 법

1. 소고기는 8×1×0.5cm 크기로 썰어 앞뒤로 충분히 잔칼집을 넣고 양념을 한다.

2. **느타리버섯**은 끓는 물에 소금을 넣고 데쳐 찬물에 헹궈 물기를 제거한 후 6cm 길이로 잘라 소금, 참기름으로 양념한다.

3. **쪽파**는 6cm 길이로 썰어서 소금, 참기름을 살짝 양념한다.

4. 꼬치에 **느타리버섯, 쪽파, 소고기, 느타리버섯, 쪽파, 소고기, 쪽파, 느타리버섯** 순으로 끼운다.

5. 팬에 기름을 두르고 꼬치를 끼워 **쪽파만** 살짝 들어 올린 후 약불로 구운 다음 뒤집어서 쪽파를 들어올린 꼬치를 빼준 다음 쪽파를 익힌다.

Point

1. 소고기는 앞뒤로 잔칼집을 넣어야 많이 오므라들지 않는다.
2. 느타리버섯과 쪽파는 2줄씩 끼워줘야 예쁘다.

양동구리

소의 양을 곱게 다져 녹말가루와 달걀을 섞어서 지진 둥글 납작한 전이다.
비타민과 단백질이 풍부하다.

요구사항

1. 양동구리는 지름 5cm의 크기로 5개 제출하시오.
2. 초간장을 곁들여 제출하시오.

1. 재료 확인 → 2. 재료 분리 → 3. 재료 씻기

재료

- 소양 150g
- 달걀 1개
- 소금

초간장
- 간장 1T
- 식초 1T
- 설탕 1/2T

양동구리 양념
- 소금
- 다진 파 1/3t
- 다진 마늘 1/4t
- 후추
- 참기름
- 녹말가루 1T
- 달걀흰자 1개

만드는 법

1 **양**은 소금으로 주물러서 씻어 끓는 물에 4~5초 정도 살짝 데친 다음 찬물에 담궈 둔다.

2 찬물에 담궈 놓은 양은 안쪽에 기름을 제거한다.

3 안쪽 기름을 제거한 양은 껍질쪽의 검은 막도 수저로 긁어낸다.

4 **양**은 곱게 다진다.

5 **다져 놓은 양**에 소금, 다진 파, 마늘, 후추, 참기름, 녹말가루와 흰달걀을 풀어 고루 섞는다.

6 동그랗게 모양을 잡은 양은 기름을 두르고 팬에 올린 후 약불에서 타지 않게 부친다.
초간장을 만들어 곁들여 낸다.

Point

1. 양은 5초 이상 데치면 껍질이 잘 벗겨지지 않으므로 시간을 잘 지켜 데쳐내도록 한다.
2. 5초 이하로 데친 양은 한 시간 정도 찬물에 담궈두어야 껍질을 잘 벗길 수 있다.

연근전

얇게 썬 연근을 밀가루집을 입혀 지진 전으로, 아삭아삭한 식감이 일품이다.

❙ 요구사항

1. 연근은 0.4cm 두께로 썰으시오.
2. 초간장을 곁들여 제출하시오.

1. 재료 확인 → 2. 재료 분리 → 3. 재료 씻기

재료

- 연근 ············ 100g
- 밀가루 ············ 1C
- 간장 ············ 1t
- 참기름 ············ 1t
- 식초 ············ 약간

초간장
- 간장 ············ 1T
- 식초 ············ 1T
- 설탕 ············ 1/2T

만드는 법

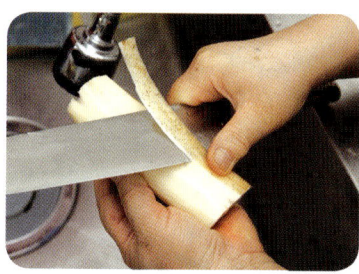

1 **연근**은 흙을 먼저 털어내고 깨끗이 씻어 껍질을 벗긴 후 0.4cm 두께로 둥글게 썰어 식초물에 담근다.

2 냄비에 물을 끓여 **연근**을 삶아낸 후 찬물에 담가 식히고 물기를 제거한다.

3 **삶은 연근**과 밀가루, **초간장**을 준비해 둔다.

4 밀가루, 물, 간장, 참기름을 섞어 체에 내려 **밀가루 반죽**을 만든다.

5 데쳐낸 **연근**에 밀가루를 묻힌 다음 밀가루 반죽을 입혀 달군 팬에 타지 않게 지진다.

Point

1. 연근은 흙을 먼저 씻어야 껍질을 벗길 때 연근에 흙이 묻지 않는다.

사슬적

사슬적은 막대 모양으로 썬 흰살 생선과 다진 소고기를 붙여서 굽는 산적이다.
'사슬모양'으로 재료를 꿰었다고 하여 사슬적이라 불리운다.

▌요구사항

1. 사슬적은 0.7×1.2×6cm 크기로 2꼬치를 제출하시오.
2. 초간장을 곁들어 제출하시오.

1. 재료 확인 → 2. 재료 분리 → 3. 재료 씻기

재료

- 흰살 생선 ········ 200g
- 소고기 ············ 80g
- 두부 ··············· 30g
- 잣 ···················· 1T
- 밀가루 ············· 2T
- 소금 ················ 1t
- 꼬치 ················ 2개

소고기·두부 양념
- 소금 ················ 1/3t
- 다진 파 ············ 1/3t
- 다진 마늘 ········· 1/3t
- 참기름 ············· 1/3t
- 후추 ················ 약간

초간장
- 간장 ················ 1T
- 식초 ················ 1T
- 설탕 ················ 1/2T

만드는 법

1 **흰살 생선**은 0.7×1.2×6cm 크기로 썰어 물기를 제거한 후 소금, 후추를 뿌린다. **소고기**는 곱게 다져 핏물을 제거한다. **두부**는 곱게 으깨서 면포로 물기를 꼭 짠다. **잣은** 고깔을 떼고 종이 속에 넣어 밀대로 밀고 다시 칼로 곱게 다져 잣가루를 만든다.

2 소고기와 두부를 3:1 비율로 섞어 소고기·두부 양념을 한다.

3 **손질한 재료**를 모아둔다.

4 꼬치에 생선을 1.2cm 간격을 띄워 끼우고 밀가루를 묻힌 다음 양념한 **2의** 반죽을 생선 사이에 채워 고르게 눌러 붙이고 밀가루를 충분히 뿌려준다.

5 달군 팬에 식용유를 두르고 타지 않게 굽는다.

6 그릇에 담아 **잣가루**를 고명으로 뿌린다.

Point
1. 소고기는 수축되어 크기가 작아지므로 생선살보다 1cm 정도 더 길게 하여야 한다.
2. 꼬치를 빼서 제출한다.

삼색전 1

세 가지 색깔의 재료를 이용하여 모양 있게 지져낸 음식이다.

요구사항

1. 호박전, 새우전, 표고전을 각각 3개씩 제출하시오.
2. 초간장을 곁들여 제출하시오.

1. 재료 확인 → 2. 재료 분리 → 3. 재료 씻기

재료

호박전
- 애호박 ············· 1/3개
- 달걀 ················ 1개
- 밀가루 ············· 2T
- 소금

새우전
- 새우 ················ 3마리
- 달걀 ················ 1개
- 밀가루 ············· 2T
- 소금, 후추
- 꼬치 ················ 3개

표고전
- 표고버섯 ········· 3장
- 소고기 ············· 30g
- 두부 ················ 10g
- 달걀 ················ 1개
- 밀가루 ············· 1T

표고전(소고기·두부 양념)
- 소금, 다진 파, 다진 마늘,
- 후추, 참기름

표고버섯유장 양념
- 참기름 ············· 1T
- 간장 ················ 1t

초간장
- 간장 ················ 1T
- 식초 ················ 1T
- 설탕 ················ 1/2T

만드는 법

1. **애호박**은 0.5cm 두께로 썰어 소금을 뿌리고 절여지면 물기를 제거한다. 절여진 호박은 밀가루를 살짝 묻힌 후 털어내고 달걀물을 씌워 기름을 두른 팬에 색이 나지 않게 부친다.

2. **새우**는 씻어 머리와 꼬리 쪽 물주머니를 떼고 내장을 제거한 후 꼬리 마지막 한 마디와 꼬리를 남기고 나머지는 벗긴다. 새우 등 쪽에 칼집을 넣어 살을 펼쳐 오그라들지 않게 잔칼집을 넣어 물기를 닦고 소금, 후추를 뿌려둔다.

3. **두부**는 으깬 후 면포로 물기를 제거하고 소고기는 곱게 다져 소고기와 두부를 3 : 1 비율로 섞어 완자 양념을 한다.
표고버섯은 불려서 기둥을 떼고 물기를 제거한 후 간장, 설탕, 참기름으로 유장 처리 해 놓는다.

4. 소금에 절인 **호박, 새우, 유장처리한 표고**, 으깬 두부, 다진 소고기, 다진 파, 마늘, 달걀, 밀가루를 준비해 둔다.

5. **표고버섯** 안쪽에 밀가루를 묻혀 여분의 가루를 털어내고 소를 채워 밀가루, 달걀 순으로 묻혀 약불에서 타지 않게 지진다.

6. 새우와 애호박은 밀가루, 달걀 순으로 묻혀 약불에서 타지 않게 지지고 **초간장**을 만들어 함께 제출한다.

Point

1. 전은 타지 않도록 불조절을 잘하여 조리해야 한다.
2. 새우는 잔칼집을 잘 넣어줘야 휘어지지 않는다.
3. 표고버섯은 유장처리 한다.

삼색전 2

세 가지 색깔의 재료를 이용하여 모양 있게 지져낸 음식이다.

▎요구사항

1. 호박전, 표고전, 생선전은 각각 3개씩 제출하시오.
2. 초간장을 곁들여 제출하시오.

1. 재료 확인 ➡ 2. 재료 분리 ➡ 3. 재료 씻기

재료

호박전
- 애호박 ············ 1/4개
- 달걀 ············· 1개
- 밀가루 ··········· 2T
- 소금

생선전
- 생선살(대구 또는 동태) ··· 50g
- 달걀 ············· 1개
- 밀가루 ··········· 1T
- 소금, 백후추

표고전
- 표고버섯 ········· 3장
- 소고기 ··········· 30g
- 두부 ············· 10g
- 달걀 ············· 1개
- 밀가루 ··········· 3T

소고기·두부 양념
- 소금, 다진 파, 다진 마늘, 후추, 참기름

표고버섯유장 양념
- 참기름 ··········· 1T
- 간장 ············· 1t

초간장
- 간장 ············· 1T
- 식초 ············· 1T
- 설탕 ············· 1/2T

만드는 법

1 **생선살**은 깨끗이 손질하여 물기를 제거하고 6×5×0.4cm 크기로 포를 떠서 소금, 백후추를 뿌리고 물기를 제거한다.

2 **표고버섯**은 불려서 기둥을 떼고 물기를 제거한 후 간장, 설탕, 참기름으로 유장 처리 해 놓는다.

3 **두부**는 으깬 후 면포로 물기를 제거하고 소고기는 곱게 다져 소고기와 두부를 3 : 1 비율로 섞어 완자 양념을 한다.

4 소금에 절인 **호박, 생선살, 유장처리한 표고**, 으깬 두부, 다진 소고기, 다진 파, 마늘, 달걀, 밀가루를 준비해 둔다.

5 **생선, 애호박, 표고**는 밀가루를 살짝 묻힌 후 털어내고 달걀물을 입힌다.

6 기름을 두른 팬에 색이 나지 않게 부쳐 내고 **초간장**을 만들어 함께 제출한다.

Point
1. 생선전은 조리 시 줄어들기 때문에 요구사항보다 크게 썰어야 한다.
2. 표고버섯 전은 소를 넣을 때 표고버섯의 높이와 같게 넣어야 모양이 예쁘다.

장떡

충청도와 경상도의 향토음식이다.
찹쌀가루에 된장과 고추장을 섞어 반죽하여 기름 두른 번철에 지져낸 음식으로 옛날에는 먼 길을 떠날 때 챙기는 음식(行饌)으로 많이 사용되었다.

i 요구사항

지름 5cm로 6개 이상 제출하시오.

1. 재료 확인 ➡ 2. 재료 분리 ➡ 3. 재료 씻기

재료

- 찹쌀가루 ·············· 1C
- 밀가루 ············· 1/2C
- 고추장 ················ 2T
- 된장 ···················· 2t
- 풋·홍고추 ······ 1개씩
- 다진 파 ·············· 1T
- 다진 마늘 ·········· 1/2t
- 참기름
- 깨소금

만드는 법

1 풋·홍고추는 통으로 얇게 썰어 씨를 제거하여 고명용으로 준비하고 나머지는 다져서 사용한다.

2 손질한 재료를 한데 모아 준비한다.

3 고추장과 된장은 물에 풀어 체에 내린다.

4 체에 내린 **찹쌀가루와 밀가루**에 풀어 놓은 고추장과 된장 국물을 넣어 섞어 준다.

5 다진 파·마늘, 참기름, 다진 풋·홍고추를 넣고 색과 농도에 맞춰 반죽한다.

6 팬에 **직경 5cm** 크기로 모양을 잡은 장떡은 기름을 두르고 약불로 타지 않게 부쳐 거의 다 익을 때쯤 **풋·홍고추 고명**을 얹어 지져낸다.

Point

1. 반죽이 너무 퍼지지 않도록 농도에 주의한다.

장산적

소고기를 다져 갖은양념하여 구운 다음
네모지게 썰어 간장에 조리는 전통요리이다.

ⅰ 요구사항

1. 장산적은 1×3×3cm 크기로 썰어 석쇠에 구운 다음 조려서 9개를 제출하시오.
2. 잣가루를 고명으로 올리시오.

1. 재료 확인 → 2. 재료 분리 → 3. 재료 씻기

재료

- 소고기 ············· 100g
- 두부 ················· 30g
- 잣 ······················ 1t

소고기·두부 양념

- 소금, 설탕, 후추, 참기름
- 다진 파 ············· 1t
- 다진 마늘 ········ 1/3t

조림 양념

- 물 ················· 1/2C
- 간장 ·················· 1T
- 설탕 ·················· 1T

만드는 법

1 **소고기**는 곱게 다져서 핏물을 제거한다. **두부**는 곱게 다져 면포로 물기를 꼭 짠다. **잣**은 고깔을 떼고 키친타올 위에 놓고 밀대로 밀어 다시 칼로 곱게 다져 잣가루를 만든다.

2 볼에 **다진 소고기와 다진 두부**를 담고 양념을 해 끈기 있도록 치댄다.

3 도마에 기름을 살짝 바르고 치댄 고기를 두께가 0.7cm로 네모지게 모양을 만들어 **가로 세로로 잔칼집**을 넣는다.

4 석쇠에 기름을 충분히 발라 달군 다음 고기가 타지 않게 익힌다. 고기가 식으면 **사방 1×3×3cm** 크기로 썬다.

5 냄비에 **조림 양념**을 넣고 끓이다가 석쇠에 구워 놓은 고기를 넣고 약불에서 은근하게 조린다.

6 졸여진 고기는 그릇에 담고 **잣가루**를 고명으로 올린다.

Point

1. 고기 반죽 시 두부의 양을 적게 넣어야 석쇠에 구울 때 부서지지 않고 단단하게 구울 수 있다.

파전

신선한 해물과 파를 밀가루 반죽을 얹어 부쳐낸
고소한 향과 바삭하게 씹히는 맛이 일품인 음식이다.

i 요구사항

파전은 8×8cm 크기로 썰어 제출하시오.

1. 재료 확인 → 2. 재료 분리 → 3. 재료 씻기

재료

- 쪽파 ················ 100g
- 소고기 ············· 30g
- 굴 ··················· 30g
- 홍합 ················ 30g
- 홍고추 ············· 1개
- 달걀 ················ 1개
- 소금 ················ 1t
- 참기름 ············· 1/3t

밀가루 반죽
- 밀가루 ············· 1/2C
- 찹쌀가루 ·········· 1/2C
- 소금 ················ 1t
- 물 ··················· 1C

소고기 양념
- 소금, 설탕
- 다진 파 ············ 1/3t
- 다진 마늘 ········· 1/3t
- 후추, 참기름

초간장
- 간장 ················ 1T
- 식초 ················ 1T
- 설탕 ················ 1/2T

만드는 법

1 **쪽파**는 깨끗이 씻어 10cm 길이로 자르고 흰 부분이 두꺼울 경우 두드려 부드럽게 해서 소금, 참기름에 버무려 둔다.

2 볼에 찹쌀가루와 밀가루를 넣고 물을 부어 뭉치지 않게 묽게 개서 소금 간하여 **밀가루 반죽**을 만든다.

3 **굴과 홍합**은 소금물에 씻어 건져서 물기를 제거한 후 굵직하게 다진다.
소고기는 채 썰어 간장 양념한다.

4 **홍고추**는 반을 갈라 얇게 포를 떠서 4cm 길이로 채 썬다.

5 **쪽파**에 밀가루를 가볍게 묻히고 밀가루즙에 버무린다.

6 뜨거운 팬에 식용유를 두르고 밀가루 반죽에 버무린 **쪽파**를 얹고 **소고기와 해물**을 얹어 반죽을 얇게 펴바른 후 밑면이 어느정도 익으면 뒤집는다.
해물이 어느정도 익으면 **달걀물**을 발라 지진 후 **홍고추채**를 올리고 살짝 익혀 준다.
양면이 고루 익으면 요구사항에 맞게 잘라 내고 **초간장**을 곁들여 제출한다.

Point

1. 파전은 반죽 농도에 주의한다.
2. 소고기는 채 썰어 간장 양념한다.
3. 해물은 굵직하게 다져 사용한다.
4. 해물은 해감을 잘 해야 한다.

해삼전

해삼전은 마른 해삼을 불린 후에 고기와 두부에 양념을 하여 소를 만들어 넣은 전유어이다.

요구사항

1. 해삼은 안쪽에 이물질을 제거하고 사용하시오.
2. 초간장을 곁들여 제출하시오.

1. 재료 확인 → 2. 재료 분리 → 3. 재료 씻기

재료

- 해삼 ········· 1개
- 소고기 ······· 50g
- 두부 ········· 30g
- 밀가루 ······· 60g
- 달걀 ········· 1개
- 대파 ········· 20g
- 마늘 ········· 3개
- 깨소금, 소금, 후추, 참기름

소고기 양념
- 소금, 설탕
- 다진 파 ········· 1t
- 다진 마늘 ······ 1/3t
- 후추, 참기름

해삼 양념
- 소금, 후추, 참기름

초간장
- 간장 ········· 1T
- 식초 ········· 1T
- 설탕 ········· 1/2T

만드는 법

1 **해삼**은 안쪽의 이물질을 제거한 후 깨끗이 씻어 물기를 닦고 소금, 후추, 참기름으로 양념한다.

2 **소고기**는 곱게 다진 후 핏물을 제거하고 두부도 곱게 다진 다음 완자 양념한 후 끈기있게 치대어 해삼 소를 만든다.

3 **해삼** 안쪽에 밀가루를 묻힌 후 소를 넉넉히 넣고 오므린다.

4 속을 채운 **해삼**은 두께 1cm 크기로 썬다.

5 **밀가루, 달걀**을 입혀 준비한다.

6 팬에 기름을 두르고 **해삼**을 지져 완성 그릇에 담아내고 **초간장**을 곁들여 낸다.

Point

1. 해삼 안쪽에 밀가루를 골고루 묻혀야 소가 떨어지지 않는다.
2. 해삼 안쪽의 이물질은 깨끗이 제거한다.

김치적

경북에서 특히 즐겨먹는 음식으로, 김치와 쪽파, 양념한 소고기를 꼬치에 꿰어 밀가루 반죽을 묻혀 식용유를 두른 팬에 지진 음식이다.

▎요구사항

김치적은 0.6×1×7cm 크기로 2꼬치를 제출하시오.

1. 재료 확인 → 2. 재료 분리 → 3. 재료 씻기

재료

- 김치 ········· 2줄기
- 소고기(8cm) ······ 50g
- 건표고 ········ 2개
- 도라지 ········ 1뿌리
- 달걀 ·········· 1개
- 소금, 참기름, 밀가루

소고기 양념
- 간장 ·········· 1T
- 설탕 ·········· 1/2T
- 다진 파 ········ 1t
- 다진 마늘 ······ 1/3t
- 후추, 참기름

도라지 양념
- 소금, 참기름

김치 양념
- 참기름

만드는 법

1 **배추김치**는 소를 털어내고 줄기만 1×7cm 크기로 썰어 참기름에 양념한다.

2 **도라지**는 껍질을 벗겨 0.6×1×7cm 크기로 썰어 데친 다음 소금, 참기름을 넣고 살짝 볶는다.

3 **소고기**는 0.5×0.8×8cm 크기로 썰어 핏물을 제거하고 간장 양념한다.
표고버섯은 불린 다음 수분을 제거하여 0.6×1×7cm 크기로 썰어 간장 양념한다.

4 산적꼬치에 **김치-표고-도라지-소고기**-김치-표고-도라지-소고기-김치 순으로 꽂아 2개 만들어 둔다.

5 꽂아 놓은 산적은 밑부분은 밀가루, 달걀물을 묻히고 **윗부분은 달걀물만** 입힌다.

6 팬에 기름을 두르고 약한불에 앞뒤로 지져낸다.

Point

1. 산적꼬지는 **밑부분**은 밀가루, 달걀물, **윗부분**은 달걀물만 입혀야 재료들이 깔끔하게 보이므로 예쁘다.

깨즙채

닭의 가슴살이나 안심살처럼 지방이 적고 담백한 부위를 사용하여 신선한 채소와 식물성 지방이 풍부한 깨 소스를 함께 버무려 조리한 음식으로, 담백하고 고소한 맛이 난다.

i 요구사항

깨즙을 곱게 갈아 사용하시오.

1. 재료 확인 → 2. 재료 분리 → 3. 재료 씻기

재료

닭	1/2마리
양상추	3장
셀러리	1줄기
오이	1/2개
배	1/4개
밤	2개
달걀	1개

향미채소
- 대파(4cm) ······ 1토막
- 마늘 ············· 2개
- 생강

깨즙소스
- 깨 ············· 1/2C
- 닭육수 ········ 1/2C
- 식초 ············· 2T
- 설탕 ············· 1T
- 소금

만드는 법

1 **닭**은 향미 채소를 넣고 삶아 식으면 닭살을 발라서 찢고 육수는 체에 면포를 놓고 받쳐 거른다.
셀러리는 돌려 깎아 0.3×1×4cm 크기로 썬다.
양상추는 찬물에 담가 싱싱처리 해둔다.
달걀은 황·백지단을 부쳐 0.3×1×4cm 크기로 썬다.

2 **오이**는 반으로 갈라 씨를 제거한 후 0.3×1×4cm 크기의 골패모양으로 썬다.
배는 0.3×1×4cm 크기로 썰어 설탕물에 담갔다가 건진다.
밤은 껍질을 벗겨 모양대로 편을 썰어 설탕물에 담갔다가 건진다.

3 **싱싱처리한 양상추**는 물기를 제거하고 한입 크기로 찢어 놓는다.

4 **깨**는 절구에 빻거나 믹서에 곱게 갈아 닭육수를 넣고 작은 굵은체와 큰 고운체를 겹쳐 걸러 놓고 식초, 설탕을 넣고 소금으로 간을 하여 깨즙을 만든다.

5 **손질한 재료**를 한데 모아둔다.

6 접시에 물기를 제거한 양상추를 깔고 나머지 재료를 담아 **깨즙**을 넣고 버무려 담아낸다.

Point

1. 양상추는 칼로 자르면 색이 변하기 때문에 손으로 찢어야 갈변현상을 방지할 수 있다.
2. 배와 밤은 설탕물에 오래 담가 두면 단맛이 빠지기 때문에 살짝만 넣었다 건져두는 것이 좋다.

닭겨자냉채

닭고기의 담백함과 다양한 채소의 아삭함이 겨자장과 상큼하게 어우러져
여름에 가볍게 먹기 좋은 요리이다.

▌요구사항

1. 닭가슴살은 삶아 찢어서 사용하고 채소는 4×1×0.3cm 정도의 크기로 하시오.
2. 재료들은 단촛물에 밑간하고 닭가슴살은 육수로 겨자양념장을 만들어 무쳐서 내시오.

1. 재료 확인 → 2. 재료 분리 → 3. 재료 씻기

재료

- 닭(가슴살) ········· 150g
- 오이 ················· 1/2개
- 당근 ················· 50g
- 배 ··················· 1/4개
- 밤 ··················· 2개
- 달걀 ················· 1개

향미채소
- 대파, 마늘, 생강

겨자장
- 겨자가루 ············ 2T
- 따뜻한 물 ············ 1½T
- 식초 ················· 2T
- 설탕 ················· 2T
- 소금 ················· 1t

만드는 법

1 **겨자**는 따뜻한 물과 동량으로 개어 냄비 뚜껑위에 덮어 발효시킨다.
닭은 끓는 물에 향미채소와 같이 삶아 식혀서 얇게 찢는다.

2 물 2C, 설탕 2T, 식초 2T, 소금 2t을 섞어 **단촛물**을 만든다.

3 **오이**는 4×1×0.3cm 크기로 썰어 **2의** 단촛물에 담갔다 건진다.
배는 4×1×0.3cm 크기로 썰어 설탕물에 담갔다 건진다.
밤은 껍질을 벗겨 모양대로 편을 썰어 설탕물에 담갔다 건진다.
달걀은 황·백지단을 부쳐 4×1×0.3cm 크기로 썬다.

4 **당근**은 4×1×0.3cm 크기로 썰어 **2의** 단촛물에 담갔다 건진다.

5 **준비한 재료**는 한데 모아둔다.
발효한 겨자는 설탕, 식초, 닭육수, 소금을 넣어 겨자장을 만든다.

6 **지단**을 제외한 닭과 채소는 물기를 제거하고 겨자장으로 가볍게 버무린 후 어느 정도 버무려지면 지단을 추가하여 살짝 버무려 접시에 소복하게 담는다.

Point
1. 지단은 부서지므로 겨자장에 맨 마지막으로 살짝 버무리는 것이 좋다.
2. 닭겨자냉채는 **단촛물**에 오이, 당근을 담갔다가 건진다.

대하잣즙냉채

궁중 교자상에 올리는 귀한 음식으로 대하, 사태의 동물성 식품과 오이, 죽순의 식물성 식품을 필수지방산이 풍부한 잣즙으로 버무린 전통요리이다.

¡ 요구사항

1. 대하는 삶아서 육수를 사용하고 채소는 4×1×0.3cm 정도의 크기로 하시오.
2. 대하 육수에 잣가루를 넣어 소스를 만들어 버무리시오.

1. 재료 확인 → 2. 재료 분리 → 3. 재료 씻기

재료

- 대하 ············· 4마리
- 소고기(사태) ····· 100g
- 오이 ············· 1/2개
- 죽순 ············· 60g
- 청주 ············· 1T

향미채소
- 대파, 마늘, 생강

잣즙소스
- 잣 ·············· 4T
- 새우육수 ········ 4T
- 소금, 후추, 참기름

만드는 법

1 **대하**는 내장을 제거하여 끓는 물에 청주, 소금을 넣고 삶아서 체에 면포를 받쳐 걸러 식혀 놓는다.
끓는 물에 소고기와 향미채소를 넣고 삶아 면포에 싸서 모양을 잡은 후 4×1×0.3cm 크기로 썬다.

2 **삶아 놓은 대하**는 반으로 포를 뜬 다음 길이대로 2등분한다.

3 **오이**는 4×1×0.3cm 크기로 썰어 소금에 살짝 절여 물기 제거 후 팬에 살짝 볶아서 식힌다.
죽순은 석회를 제거하고 빗살 모양을 살려 4cm 길이로 썰어 팬에 소금을 넣고 볶는다.
잣은 고깔을 떼고 키친타올 속에 넣어 밀대로 밀고 다시 칼로 곱게 다져 잣가루를 만든다.

4 **대하육수**에 다진 잣을 넣고 소스를 만든다.

5 **손질한 재료**를 한데 모아둔다.

6 볼에 **대하, 오이, 죽순, 편육**을 넣고 잣즙 소스로 버무려 접시에 소복이 담아낸다.

Point

1. 대하는 껍질째 삶아야 대하의 표면이 매끄럽다.
2. 재료가 식은 상태에서 소스에 버무리는 것이 좋다.

도토리묵무침

도토리묵을 쑤어 야채를 넣고 양념장에 무쳐 낸 음식이다.
도토리묵의 담백한 맛은 막걸리의 구수한 맛과 잘 어울린다.

요구사항

1. 도토리묵을 쑤어 굳힌 후 4×1.5×0.3cm 정도로 썰어 사용하시오.
2. 오이, 당근의 길이는 4×1.5×0.3cm 정도로 어슷 썰기 하고 풋고추, 홍고추는 길이 2cm 폭 0.5cm 정도로 어슷 썰기 하시오.
3. 도토리묵과 채소는 양념장에 버무려 내시오.

1. 재료 확인 → 2. 재료 분리 → 3. 재료 씻기

재료

- 도토리가루 ········ 100g
- 오이 ············· 1/2개
- 당근 ············· 1/2개
- 쑥갓 ············· 30g
- 풋고추 ············ 1개
- 홍고추 ············ 1개
- 실파 ············· 8뿌리
- 대파

무침양념
- 고춧가루 ·········· 2T
- 간장 ············· 1T
- 식초 ············· 1T
- 설탕 ············· 1T
- 다진 파 ··········· 1t
- 다진 마늘 ········· 1/2t
- 깨소금, 참기름, 소금

만드는 법

1 **도토리가루**는 가루:물의 비율을 1:5로 하여 잘 풀어준 후 처음엔 쎈 불에서 끓이다가 끓기 시작하면, 뭉치지 않고 눌러 붙지 않도록 계속 저어준다.
걸쭉해지면 마지막에 참기름을 넣는다.
쑥갓은 5cm 정도로 자른 다음 찬물에 담근다.

2 네모진 그릇 바닥에 **묵**을 부어 매끈하게 담아 시험장 냉장고에서 굳힌다.

3 **도토리묵**은 4×1.5×0.3cm 크기로 썬다.

4 **오이**는 소금으로 비벼 씻어서 길이 4×1.5×0.3cm 두께로 어슷 썰고 **당근**도 오이와 같은 크기로 썬다.

5 **풋·홍고추**는 2×0.5cm 길이로 어슷 썰어 씨를 제거한다.
손질한 재료를 한데 모아 준비한다.

6 양념장을 만들어 **모든 재료**를 넣고 가볍게 버무린다.

Point

1. 도토리가루가 나올 경우에는 농도를 조절하여 묵을 완성한다.
2. 도토리묵은 쑤어서 시험장에 있는 냉장고에 넣어야 빨리 식는다.

메밀묵무침

메밀묵에 들어있는 메밀은 차가운 성질을 가지고 있어
여름철에 체내의 열을 내려주고 염증을 가라앉히며 배변을 용이하게 해준다.

요구사항

1. 메밀묵을 쑤어 굳힌 후 4×3×1cm 정도로 썰어 사용하시오.
2. 메밀묵과 채소는 양념장에 버무려 내시오.

1. 재료 확인 → **2. 재료 분리** → **3. 재료 씻기**

재료

- 메밀가루 ············ 100g
- 배추김치 ············ 100g
- 쑥갓 ················· 20g

무침양념

- 소금 ················· 1/3t
- 간장 ················· 1/2t
- 설탕 ················· 1t
- 다진 파 ············· 1t
- 다진 마늘 ·········· 1/2t
- 소금, 참기름

만드는 법

1. **메밀가루**는 가루:물의 비율을 1:5 정도로 하여 잘 풀어준 후 처음엔 쎈 불에서 끓이다가 끓기 시작하면, 뭉치지 않고 눌러 붙지 않도록 계속 저어준다. 걸쭉해지면 마지막에 참기름을 넣는다.

2. 네모진 그릇 바닥에 **묵**을 부어 매끈하게 담아 시험장 냉장고에서 굳힌다.

3. **메밀묵**은 4×3×1cm 크기로 썬다.

4. **배추김치**는 폭 1cm 정도로 썰어 참기름으로 밑간한다.
   쑥갓은 찬물에 담근 다음 잘게 썰어 둔다.

5. **손질한 재료**를 한데 모아 준비해 둔다.

6. 볼에 **메밀묵**을 담고 양념한 배추김치, 잘게 썬 쑥갓을 넣고 무침 양념에 버무린다.

Point

1. 메밀가루가 나올 경우 농도에 유의하여 묵을 쑤어 사용하고 메밀묵이 나오면 알맞은 크기로 썰어 사용한다.

메밀전병

메밀가루를 묽게 반죽해서 무, 배추, 고기 등을 소로 넣고 말아서 지진 음식이다.

⬛ 요구사항

1. 완성된 메밀전병은 지름 2cm, 길이 4cm 정도의 원기둥으로 만드시오.
2. 완성된 메밀전병은 8개 이상 만들어 제출하시오.

1. 재료 확인 → 2. 재료 분리 → 3. 재료 씻기

재료

- 메밀가루 ·········· 2/3C
- 밀가루 ············· 1/3C
- 소고기 ············· 80g
- 표고버섯 ··········· 2개
- 숙주 ················ 50g
- 미나리 ·············· 30g
- 김치 ················ 100g
- 무 ··················· 50g

무 볶음 양념
- 소금
- 다진 파 ············· 1t
- 다진 마늘 ·········· 1/2t
- 소금, 참기름

김치 양념
- 다진 파 ············· 1t
- 다진 마늘 ·········· 1/2t
- 소금, 참기름

건표고 양념
- 진간장 ·············· 1t
- 설탕 ················· 1t
- 참기름

만드는 법

1 **메밀가루와 밀가루**는 체에 쳐서 소금물로 반죽한다.

2 **숙주와 미나리**는 길이대로 자르고 데쳐서 찬물에 담갔다가 건져 물기를 제거한다.
무는 채 썰어 끓는 물에 데친 후 팬에서 볶아준다.
소고기와 표고는 채 썰어 양념하여 볶아낸다.

3 **김치**는 속을 털어내고 채 썬 후 양념하여 볶는다.

4 메밀반죽, 손질한 숙주, 미나리, 무, 소고기, 표고, 배추김치를 한데 모아 준비해 둔다.

5 **반죽한 전병**을 얇게 부친다.

6 전병 위에 익힌 재료들을 골고루 넣어 4×2cm로 잘라 낸다.

Point

1. 메밀 전병 반죽은 미리 만들어 숙성해 두어야 예쁘게 부쳐진다.
2. 메밀가루의 종류에 따라 반죽의 농도가 달라지므로 물의 양에 주의한다.

새우 겨자채

익힌 대하살과 골패형으로 썬 채소를 겨자장에 버무린 냉채로
기름진 음식과 함께 먹으면 느끼함을 잡아주어 주안상이나 교자상에 올리면 좋다.

i 요구사항

1. 새우는 삶아서 2등분 하고 채소는 4×1×0.3cm 정도의 크기로 하시오.
2. 재료들을 4×1×0.3cm 크기로 썰어 겨자장에 무쳐서 내시오.

1. 재료 확인 → 2. 재료 분리 → 3. 재료 씻기

재료

- 새우 ·············· 4마리
- 양배추 ············ 2장
- 오이 ·············· 1/3개
- 당근 ·············· 50g
- 배 ················ 1/4개
- 밤 ················ 2개
- 달걀 ·············· 1개
- 잣 ················ 5알

향미채소
- 대파, 마늘, 생강

겨자장
- 겨자가루 ·········· 2T
- 따뜻한 물 ·········· 1T
- 식초 ·············· 2T
- 설탕 ·············· 2T
- 소금 ·············· 1t
- 간장 ·············· 1/2t

만드는 법

1. **대하**는 내장을 제거하여 끓는 물에 향미채소와 소금을 넣고 삶아서 체에 면포를 받쳐 걸러 식혀 놓는다.
삶아 놓은 대하는 반으로 포를 뜬 다음 길이대로 2등분한다.
겨자가루는 동량의 물을 넣고 개어 냄비 뚜껑 위에 덮어 발효시킨다.

2. **오이, 당근, 양배추**는 4×1×0.3cm 크기로 썰어 찬물에 담갔다가 바로 건져 물기를 제거한다.

3. **밤**은 껍질을 벗겨 모양대로 편 썰어 설탕물에 담갔다 건진다.
배는 4×1×0.3cm 크기로 썰어 설탕물에 담갔다 건진다.

4. **달걀**은 황·백지단을 부쳐 4×1cm 크기로 썬다.
잣은 반으로 나눠 비늘잣을 만든다.

5. **겨자장**을 만든다.

6. 볼에 **새우**와 물기를 제거한 채소를 넣고 겨자장으로 가볍게 버무린 후 접시에 소복하게 담고 **비늘잣**을 얹는다.

Point
1. 채소는 찬물에 담갔다가 바로 건져 키친타올을 깐 체반에 놓는다.
2. 채소의 물기 제거 시 채반에 키친타올을 깔고 그 위에 얹어 놓으면 별도의 물기 제거 과정 없이 시간을 절약할 수 있다.

소고기편채

소고기를 얇게 썰어 찹쌀가루를 입혀 지진 것에 다양한 채소를 채 썰어 예쁘게 말아낸 음식으로, 궁중음식에서 유래한다.

¡ 요구사항

소고기편채는 4개 이상 제출하시오.

1. 재료 확인 → 2. 재료 분리 → 3. 재료 씻기

재료

- 소고기 …………… 200g
- 찹쌀가루 ………… 1/2C
- 오이 ……………… 1/3개
- 당근 ……………… 50g
- 양파 ……………… 50g
- 깻잎 ……………… 3장
- 무순 ……………… 20g
- 팽이버섯 ………… 20g

소고기 밑간
- 소금 ……………… 1t
- 마늘즙 …………… 1t
- 후추

겨자장
- 겨자가루 ………… 2T
- 따뜻한 물 ………… 1T
- 식초 ……………… 2T
- 설탕 ……………… 2T
- 소금 ……………… 1t
- 간장 ……………… 1/2t

만드는 법

1 **소고기**는 0.1×8×9cm 크기로 얇게 포를 떠 놓는다.
겨자는 따뜻한 물과 동량으로 개어 냄비 뚜껑 위에 덮어 발효시켜 매운맛이 나면 겨자장을 만든다.

2 **마늘**은 강판에 갈아 마늘즙을 내어 소고기 밑간에 사용한다.
오이는 돌려 깎아 4×0.2×0.2cm 길이로 채 썬다. **당근**은 4×0.2×0.2cm 길이로 채 썬다.

3 **깻잎**은 5×0.2×0.2cm 길이로 채 썰어 물에 담갔다 건진다.
팽이버섯과 무순은 밑동을 제거하여 찬물에 담갔다 건진다.
양파는 가늘게 채 썰어 찬물에 담가 매운맛을 뺀 후 물기를 제거한다.

4 **손질한 재료**는 한데 모아 준비해 둔다.

5 찹쌀가루는 체에 내려 **밑간한 소고기**에 고루 묻혀 흡수될 때까지 잠시 둔다.
팬에 식용유를 약간 두르고 센 불에서 고기를 재빨리 굽는다.

6 고기를 펼쳐 놓고 **준비한 채소**를 놓어 돌돌 만다.

Point

1. 소고기에 찹쌀가루를 많이 묻히지 않는다.
2. 오이와 당근 대신 청·홍피망이 지급되면 채 썰어 사용한다.
3. 고기는 따뜻할 때 채소를 넣고 말아야 잘 말아진다.

수삼말이

수삼은 채취 후 가공하지 않은 생삼을 말한다.
삼은 면역력 증강, 피로 해소, 기억력 증진, 혈행 개선, 항산화 기능이 있다.

i 요구사항

수삼말이는 7개 이상 제출하시오.

1. 재료 확인 → 2. 재료 분리 → 3. 재료 씻기

재료

- 수삼 ········· 2~3개
- 대추 ········· 3개
- 오이 ········· 1/2개
- 배 ·········· 1/4개
- 밤 ·········· 3개

단촛물
- 물 ·········· 1/2C
- 식초 ········· 3T
- 설탕 ········· 2T
- 소금 ········· 2t

만드는 법

1 **수삼**을 돌려 깎기하여 단촛물에 절여둔다.

2 **단촛물**에 절여둔 수삼은 물기를 제거한다.

3 **대추**는 돌려 깎기하여 밀대로 밀어 얇게 만든 다음 채 썬다.
오이도 껍질 부분만 돌려 깎기하여 채 썬다.

4 **밤과 배**는 껍질을 제거한 후 채 썰어 설탕물에 담갔다 건진다.

5 **손질한 재료**는 한데 모아 준비해 둔다.

6 절여진 **수삼**에 채 썬 채소를 넣고 3×2cm로 말아 낸다.

Point
1. 수삼은 껍질을 얇게 제거하고 사용해야 깔끔하다.
2. 수삼은 얇게 돌려 깎기 할수록 좋다.

우엉잡채

우엉잡채는 잡채에 고기대신 우엉을 넣어 아삭한 식감을 살린 음식이다. 우엉은 당질의 일종인 이눌린이 풍부해 신장 기능을 높여주고 혈당 조절 및 콜레스테롤 배출 효과가 뛰어나다.

￨ 요구사항

우엉은 조려서 전량 제출하시오.

1. 재료 확인 ➡ 2. 재료 분리 ➡ 3. 재료 씻기

재료

- 우엉 ············ 150g
- 숙주 ············ 100g
- 표고버섯 ········ 2개
- 양파 ············ 1/4개
- 풋고추 ·········· 1개
- 홍고추 ·········· 1개

표고버섯 양념

- 간장, 설탕, 참기름

우엉볶음 양념

- 간장, 설탕

만드는 법

1. **우엉**은 칼등으로 껍질을 제거한다. **풋·홍고추, 양파**는 0.3×0.3×6cm 길이로 채 썰어 둔다.

2. **손질한 우엉**은 6cm로 어슷하게 편으로 썰어 0.3×0.3cm로 채썰고 식초물에 담갔다가 건져 끓는 물에 식초를 넣고 데친 후 찬물에 헹궈 물기를 제거한다. **숙주**는 거두절미하여 데쳐서 소금, 참기름으로 양념하고 표고버섯은 채 썰어 간장, 참기름으로 양념한다.

3. **우엉**은 간장, 설탕으로 볶은 후 참기름을 넣고 불을 끈다.

4. **양파, 풋·홍고추, 표고버섯**은 양념을 넣어 팬에 각각 볶는다.

5. **볶아 놓은 재료**는 한데 모아 준비해 둔다.

6. 볼에 **볶은 재료**를 넣고 식으면 참기름과 깨소금을 넣고 고루 섞어 담아낸다.

Point

1. 미나리가 나올 경우 썰어 데친 후 사용한다.
2. 간장, 설탕과 같은 양념의 경우 재료의 양에 따라 다르기 때문에 상황에 따라 적당량을 사용한다.

무말이강회

무를 얇고 둥글게 썰어 단촛물에 담가둔 후, 채 썬 채소를 놓아 원추리형으로 말아서 내는 강회이다.
화려하고 정갈한 맛이 있어 주안상이나 교자상에 주로 올린다.

▮ 요구사항

무말이강회는 7개를 제출하시오.

1. 재료 확인 → 2. 재료 분리 → 3. 재료 씻기

재료

- 무 ······················ 150g
- 오이 ···················· 1/3개
- 당근 ····················· 50g
- 셀러리 ·················· 40g
- 표고버섯 ················ 1장
- 무순 ····················· 20g
- 팽이버섯 ··············· 20g

단촛물
- 물 ························ 1C
- 식초 ····················· 4T
- 설탕 ····················· 4T
- 소금 ····················· 1T

만드는 법

1. **무**는 껍질을 벗기고 지름 7×0.1cm 크기로 얇게 썬다.

2. **얇게 썬 무**는 단촛물에 담근 후 절여지면 물기를 제거한다.
표고버섯은 채 썰어 간하여 볶는다.

3. **당근, 오이**는 4×0.1×0.1cm로 채 썬다.
셀러리는 섬유질을 벗겨서 4×0.1×0.1cm로 채 썬다.

4. **팽이버섯**은 밑동을 자르고 도마 위에 머리 부분이 아래로 향하게 하여 탈탈 털어주어 가지런히 정리한 후 4cm 길이로 잘라둔다.
무순은 밑동을 제거하여 찬물에 담갔다 건진다.

5. **손질한 재료**는 한데 모아 준비해 둔다.

6. 접시에 무를 펼쳐놓고 **준비한 재료**를 올려 원추형으로 말아 완성한다.

Point

1. 오이와 당근, 셀러리는 무에 싸기 직전에 소금, 설탕 간을 하여 채소의 아삭함을 살릴 수 있다.
2. 겨자가루가 지급되면 겨자장을 만들어 함께 제출한다.

연계초

닭과 소고기에 조린 양념장을 넣고 윤기 나게 조린 음식이다.
단백질이 풍부하고 짭짤한 맛이 입맛을 돋운다.

❘ 요구사항

닭은 데쳐 사용하고 잣가루를 고명으로 올리시오.

1. 재료 확인 → 2. 재료 분리 → 3. 재료 씻기

재료

- 닭 ·············· 1마리
- 소고기 ············ 50g
- 건고추 ············· 2개
- 대파 ············· 1/2대
- 마늘 ·············· 3개
- 생강 ·············· 1톨
- 잣 ················ 5알

소고기 양념
- 간장 ·············· 1T
- 설탕 ·············· 1T
- 다진 파 ············ 1t
- 다진 마늘 ········· 1/2t
- 후추, 참기름, 깨소금

조림양념
- 물 ················ 2C
- 간장 ·············· 2T
- 설탕 ·············· 2T
- 다진 파 ············ 1t
- 다진 마늘 ········· 1/2t
- 후추, 참기름, 깨소금

만드는 법

1. **깨끗이 씻은 닭**은 기름기를 제거하여 5cm 크기로 썰어 끓는 물에 데쳐 찬물에 헹군다.
소고기는 0.3×4×4cm 크기로 썰어 핏물을 제거한 후 양념을 한다.
조림 양념장을 만들어 둔다.

2. 0.5cm 넓이로 썬 **건고추**는 씨를 제거한다.

3. **손질한 재료**는 한 데 모아 준비해 둔다.

4. 냄비를 달구어 기름을 두르고 **마늘과 생강, 마른 고추**를 넣어 볶다가 **닭고기와 소고기**를 넣고 더 볶는다.

5. 키친타올 위에 잣을 올린 후 밀대로 밀어 기름을 제거하고 칼로 다져 **잣가루**를 만든다.

6. 볶아 놓은 **닭고기와 소고기**에 조림 양념장과 물 2C을 넣고 끓이다가 국물이 거의 졸여지면 참기름을 넣어 마무리한다. 그릇에 담고 **잣가루**를 뿌린다.

Point

1. 닭은 많이 삶으면 조림 양념이 잘 배지 않는다.
2. 물엿이 지급될 경우 마지막에 넣는다.

갈치조림

갈치는 리진, 페닐알라닌, 메티오닌 등 필수아미노산이 고루 함유된 단백질 식품으로 특히 라이신 함량이 높아 성장기 어린이의 발육에 좋다.

요구사항

조린 갈치 2토막을 제출하시오.

1. 재료 확인 → 2. 재료 분리 → 3. 재료 씻기

재료

- 갈치 ············· 2토막
- 무 ················ 150g
- 풋고추 ··········· 1개
- 대파 ············· 1토막

조림 양념장

- 간장 ············· 1큰술
- 고춧가루 ········ 1큰술
- 설탕 ············ 1/2큰술
- 다진 파, 다진 마늘, 다진 생강, 깨소금

만드는 법

1 **갈치**는 지느러미, 비늘, 내장을 제거한 후 7cm 간격으로 토막낸다.

2 **무**는 3×4×1cm 크기로 썰어 살짝 데친다. **대파, 풋고추**는 어슷 채썰고 조림 양념장을 만든다.

3 **손질한 재료**를 한데 모아 둔다.

4 냄비 바닥에 무를 넣고 갈치를 놓고 양념장을 끼얹고 물을 자작하게 부어 끓으면 중불에서 간이 고루 배도록 조린다.

5 4에 파와 풋고추를 넣어 한소끔 끓인 후 그릇에 갈치조림을 담고 국물도 끼얹어 낸다.

Point

1. 약불에 국물을 끼얹어 가며 익혀야 갈치 속까지 양념이 배어서 맛이 좋다.
2. 냄비가 타거나 붙지 않도록 졸인다.
3. 홍고추가 지급될 수 있다.
4. 무는 살짝 데쳐서 사용해야 잘 익는다.

삼합초(삼합장과)

소고기, 전복, 홍합, 해삼 등을 양념 간장에 조려 깨소금, 잣가루를 뿌려낸 요리이다.
궁중 음식에서 장과란 보통 장아찌처럼 짭짤한 밑반찬을 이르는 말이다.

ⓘ 요구사항

재료는 전량 제출하고
잣가루를 고명으로 올리시오.

1. 재료 확인 → 2. 재료 분리 → 3. 재료 씻기

재료

- 생 홍합 ············· 50g
- 전복 ················ 1~2개
- 소고기 ············· 100g
- 불린 해삼 ········ 100g
- 잣 ················· 1작은술
- 대파, 마늘, 생강

소고기 양념

- 간장 ················· 1t
- 설탕 ················ 1/2t
- 다진 파 ············· 1t

- 다진 마늘 ········· 1/2t
- 참기름, 깨소금

조림장

- 간장 ················· 1½T
- 설탕 ················· 1T
- 대파 ················ 1/2대
- 마늘 ················· 1개
- 물 ··················· 1C
- 후추, 깨소금, 참기름

물녹말

- 녹말 ················· 1큰술
- 물 ··················· 2큰술

만드는 법

1 **마늘**과 **생강**은 편으로 썬다.
대파는 3cm 길이로 썬다.
파, 마늘은 다져서 소고기 양념장으로 쓴다.

2 **소고기**는 납작하게 저며 양념을 한다.

3 **홍합**은 소금물에 씻어 털을 제거하고 끓는 물에 살짝 데쳐서 낸다.

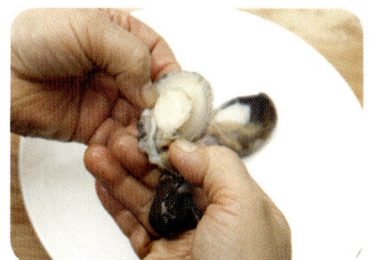

4 **전복**은 **소금**으로 문질러 씻어 내장을 떼어 낸 다음 도톰하게 자르고 **불린 해삼**은 내장을 빼고 씻어 4cm 길이로 썬다.

5 **손질한 재료**를 한데 모아 준비해 둔다.

6 냄비에 조림 양념장을 넣어 끓어 오르면 2의 고기를 넣어 조리다가 **마늘편, 생강편, 대파, 해물**을 넣어 고루 간이 배이도록 서서히 조린 후, **참기름**을 쳐서 그릇에 담아 **잣가루**를 올려 낸다.

Point

1. 해물은 센불에서 오래 조리면 질겨지므로 약불에서 은근히 조린다.

대합구이

대합구이는 다진 대합살과 소고기, 채소류를 섞어 만든 소를 대합 껍질에 채워서 밀가루와 달걀옷을 입힌 다음 번철에 지져낸 다음 석쇠에 구운 음식으로 주안상이나 손님상에 올린다.

i 요구사항

1. 대합은 2개를 제출하시오.
2. 초간장을 곁들여 내시오.

1. 재료 확인 → 2. 재료 분리 → 3. 재료 씻기

재료

- 대합 ············ 2개
- 소고기 ··········· 50g
- 두부 ············ 40g
- 양파 ············ 1/4개
- 표고버섯 ········· 1장
- 청·홍고추 ······ 각각 1개
- 달걀 ············ 1개
- 밀가루
- 식용유

소 양념
- 소금
- 다진 파 ········· 1/3t
- 다진 마늘 ······· 1/4t
- 깨소금, 후추, 참기름

초간장
- 간장 ············ 1T
- 식초 ············ 1T
- 설탕 ············ 1/2T

만드는 법

1 대합은 소금물에 담가 해감을 한 후 끓는 물에 넣어 입이 벌어지면 살을 떼어 내서 내장과 수분을 제거한 후 곱게 다지고 껍데기는 깨끗이 씻는다.
소고기는 핏물을 제거한 후 곱게 다진다.
두부도 칼등으로 곱게 으깬다.

2 양파는 곱게 다져 소금에 절인 후 팬에 볶는다.
표고버섯은 불려서 기둥을 떼고 물기를 짜서 곱게 다져 팬에 볶는다.
청·홍고추는 반으로 갈라 씨를 제거하고 3×0.1×0.1cm 길이로 채 썰어 팬에 볶아 고명으로 사용한다.
달걀은 황·백지단을 부치고 3cm 길이로 채 썰어 고명으로 사용한다.

3 볼에 다진 **대합**, 다진 **소고기**, 으깬 **두부**, **양파**, **표고**를 넣고 양념하여 소를 만든다.

4 손질한 **재료**를 한데 모아 준비해 둔다.

5 **대합 껍질** 안에 밀가루를 뿌려서 소를 평평하게 넣고 밀가루와 달걀물을 묻혀 달군 팬에 전을 부치듯이 지진다.
지져 놓은 대합 위에 **흰지단-황지단-홍고추-풋고추** 순으로 고명을 올린다.

6 석쇠를 달군 후 고명 올린 **대합**을 올려 다시 한번 익히고 **초간장**을 만들어 함께 제출한다.

Point

1. 대합은 팬에서 최대한 속을 익혀 석쇠로 옮겨야 시간을 절약할 수 있다.
2. 고명은 요구사항에 따라 다지기도 한다.
3. 시험장에서 석이버섯이 나올 경우 채 썰어 소금, 참기름에 볶아 고명으로 올린다.

떡갈비구이

떡갈비의 이름은 소고기를 다져 만든 모양이 떡을 닮은 데에서 유래한다.
고기를 곱게 다져 만들었기 때문에 어린이나 노인이 먹기에도 부드러워 좋다.

¡ 요구사항

떡갈비는 속까지 잘 익혀서 2대 제출하시오.

1. 재료 확인 → 2. 재료 분리 → 3. 재료 씻기

재료

- 소갈비 ·················· 2대
- 배 ······················ 1/4개
- 양파 ···················· 1/4개
- 찹쌀가루 ·············· 1/2C
- 밀가루 ·················· 1T

갈비 양념
- 소금
- 찹쌀가루 ·············· 2T
- 다진 파 ················ 1T
- 다진 마늘 ············· 1/2T
- 깨소금, 후추, 참기름

구이 양념
- 간장 ···················· 1T
- 설탕 ···················· 1T
- 배즙 ···················· 1T
- 양파즙 ················· 1T
- 다진 파 ················ 1/3t
- 다진 마늘 ············· 1/4t
- 후추, 참기름

만드는 법

1 **소갈비**는 물에 담가 핏물을 빼고 수분을 제거한 다음 살을 떼어내 기름을 제거하고 곱게 다진다.
파, 마늘도 곱게 다진다.

2 살을 발라낸 **갈빗대**는 끓는 물에 푹 삶은 다음 갈빗대에 붙어 있는 살을 깨끗하게 떼어낸다.

3 **배와 양파**는 강판에 면보를 놓고 갈아서 즙을 내어 구이 양념에 사용한다.

4 다진 갈비살에 양념을 넣고 끈기가 생기도록 치댄다.

5 깨끗이 손질해둔 **갈빗대**에 밀가루를 묻힌 후 갈비 반죽을 붙여 모양을 잡는다.

6 달군 팬에 기름을 충분히 두르고 **떡갈비**를 올려 구이 양념장을 덧발라가면서 타지 않게 속까지 익도록 구운 다음 석쇠에 옮겨 다시 한번 익힌다.

Point

1. 밀가루 미지급 시 갈빗대에 찹쌀가루로 대신하면 된다.
2. 갈비 반죽은 많이 치댈수록 끈기가 생겨 갈라지지 않는다.
3. 강판 안쪽에 미리 면포를 깔고 배, 양파를 갈면 다시 옮겨 담을 필요가 없어 시간을 절약할 수 있다.

소갈비구이

토막친 소갈비를 양념하여 숯불에 구워 먹는 음식이다.
맥적에서 유래되었으며 맛과 향이 뛰어나 인기가 많은 한식 중 하나이다.

ⅰ 요구사항

1. 소갈비구이는 석쇠에 구워 갈비대 2개를 제출하시오.
2. 잣가루를 고명으로 올리시오.

1. 재료 확인 ➡ 2. 재료 분리 ➡ 3. 재료 씻기

재료

- 소갈비 ·············· 2대
- 배 ················· 1/4개
- 양파 ··············· 1/4개
- 잣 ·················· 1T
- 식용유

갈비 양념
- 간장 ················ 2T
- 설탕 ················ 1T
- 배즙 ················ 2T
- 양파즙 ·············· 2T
- 다진 파 ············· 1t
- 다진 마늘 ·········· 1/2t
- 깨소금, 후추, 참기름

만드는 법

1 **소갈비**는 물에 담가 면포에 건져 핏물을 제거한다.

2 **양파와 배**는 갈아서 즙을 내어 갈비 양념에 사용한다.

3 **갈비**는 기름과 뼈에 붙은 힘줄을 제거하여 0.5cm 두께로 포를 떠서 앞뒤로 잔칼집을 넣는다.
갈비 양념장을 만들어 둔다.

4 **갈비**는 간이 잘 배도록 양념에 재운다.
잣은 고깔을 떼고 키친타올 속에 넣어 밀대로 밀고 칼로 곱게 다져 잣가루를 만든다.

5 기름칠을 한 석쇠를 달군 후 재워둔 **갈비**를 놓고 약한 불에서 타지 않게 굽는다.

6 고명으로 **잣가루**를 올린다.

Point

1. 손질 시 갈빗대 방향에 주의한다.
2. 갈비뼈에 붙어있는 살까지 반드시 익혀낸다.

오징어솔방울구이

오징어에는 트립토판과 같은 아미노산이 풍부하여
쌀이 주식인 한국인의 식사에 부족한 영양소를 채워줄 수 있다.

! 요구사항

오징어 솔방울 구이는 전량을 제출하시오.

1. 재료 확인 → 2. 재료 분리 → 3. 재료 씻기

재료

- 오징어 ············ 1마리
- 식용유
- 고추장 ············ 2T
- 고춧가루 ·········· 2t
- 진간장 ············ 1t
- 설탕 ··············· 1t
- 다진 파 ············ 1t
- 다진 마늘 ········ 1/2t
- 깨소금, 후춧가루, 참기름

만드는 법

1 **오징어**는 등쪽으로 갈라 내장을 제거한다.

2 **몸통과 다리**를 분리해 껍질을 벗긴다.

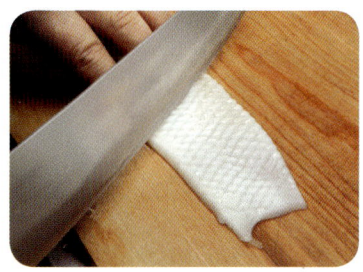

3 0.3×0.3cm 간격으로 **몸통** 안쪽에 칼집을 넣어 솔방울 무늬를 만들고 **파, 마늘**을 다진 다음 양념장을 만든다.

4 **손질한 재료**는 한데 모아 준비해 둔다.

5 **오징어**를 양념에 재운다.

6 석쇠에 **솔방울 무늬의 오징어**를 타지 않게 굽는다.

Point

1. 양념은 설탕과 참기름이 많이 들어가면 구울 때 탈 수 있으므로 양에 주의한다.

월과채

월과채는 궁중음식 중 하나로 잡채의 일종이다.
'월과'라는 이름은 참외의 변종인 '채과(조선호박)'를 '월(越)나라'에서 심기 시작했다 하여 월과라 부른 데서 유래한다. 현대에는 월과를 구하기 힘들어 애호박을 사용한다.

i 요구사항

1. 애호박은 눈썹모양으로 손질하시오.
2. 잣가루를 올려 제출하시오.

1. 재료 확인 → 2. 재료 분리 → 3. 재료 씻기

재료

- 소고기 …………… 50g
- 애호박 …… 1/2~1/3개
- 느타리버섯 ……… 50g
- 표고버섯 ………… 2장
- 달걀 ……………… 1개
- 홍고추 ………… 1/2개
- 찹쌀가루 ………… 1/2C
- 잣 ………………… 1T
- 깨소금, 참기름

느타리버섯 양념
- 소금, 참기름

소고기 · 표고 양념
- 간장 ……………… 2t
- 설탕 ……………… 1t
- 다진 파 …………… 1t
- 다진 마늘 ……… 1/2t
- 깨소금, 후추, 참기름

만드는 법

1. **애호박**은 세로로 반 갈라 눈썹 모양으로 틀을 만들어 준다.
찹쌀가루는 체에 내려 소금물로 되직하게 반죽한다.
파, 마늘은 곱게 다진다.

2. **애호박**은 눈썹 모양을 살려 수저로 긁어내고 0.3cm 두께로 잘라 소금에 절인 후 물기를 제거하여 볶는다.
느타리버섯은 결대로 찢어 끓는 물에 소금을 넣어 살짝 데쳐 물기 제거 후 소금, 참기름으로 양념한다.

3. **소고기**는 핏물을 제거한 후 곱게 다져 양념하여 주걱으로 으깨면서 볶는다.
표고버섯은 가늘게 채 썰어 양념하여 볶는다.
홍고추는 4×0.2×0.2cm 길이로 채 썰어 볶는다.
잣은 고깔을 떼고 키친타올 속에 넣어 밀대로 밀고 다시 칼로 곱게 다져 잣가루를 만든다.

4. 달군 팬에 **찹쌀 반죽**을 부치고 4×0.5cm 길이로 썬다.
달걀은 황·백지단을 부쳐 4×0.5×0.5cm 길이로 썬다.

5. **손질한 재료**는 한데 모아 준비해 둔다.

6. 볼에 **모든 재료**를 넣고 섞은 후 소금, 깨소금, 참기름으로 양념하고 **잣가루**를 고명으로 사용한다.

Point

1. 찹쌀 반죽은 되직해야 채썰 때 덜 달라 붙는다.

숙주채

숙주는 녹두에 싹을 틔워 키운 나물로, 수분과 식이섬유의 함량이 높아 포만감을 주고 열량은 낮아서 다이어트 식품으로 아주 좋고 해독 기능이 뛰어나다.

요구사항

1. 소고기는 편육으로 삶아 채 썰어 사용하시오.
2. 양념장에 버무려 제출하시오.

1. 재료 확인 → 2. 재료 분리 → 3. 재료 씻기

재료

- 소고기 ………… 50g
- 숙주 …………… 150g
- 미나리 ………… 5줄기
- 배 ……………… 1/4개
- 소금

향미채소
- 대파, 마늘

양념장
- 식초 …………… 1T
- 설탕 …………… 2T
- 소금, 깨소금

만드는 법

[1] 끓는 물에 소고기와 향미 채소를 넣어 삶는다.
양념장을 만들어 둔다.

[2] **소고기 편육**은 5×0.3×0.3cm 크기로 채 썬다.

[3] **숙주**는 거두절미한 후 끓는 물에 데친다.
미나리는 5cm로 썰어 끓는 소금물에 데치고 찬물에 헹궈 물기를 제거한다.

[4] **배**는 5×0.3×0.3cm 크기로 썰어 설탕물에 담갔다 건진다.

[5] **손질한 재료**는 한데 모아 준비해 둔다.

[6] 볼에 모든 재료를 넣고 **양념**을 버무린 후 접시에 소복하게 담는다.

Point
1. 숙주채는 양념장에 버무리기 때문에 각각의 재료에 밑간을 하지 않아도 된다.
2. 소고기는 편육을 만들어 채 썰어 사용한다.

죽순채

납작하게 썬 삶은 죽순과 소고기, 버섯 등의 재료를 함께 볶아서 초간장에 무친 음식이다. 죽순은 단백질과 비타민 B군의 함량이 풍부해 부족한 원기를 향상하는 데 도움을 주며, 식이섬유 함량 또한 풍부하여 다이어트와 변비 예방에 효능이 있다.

ⅰ 요구사항

죽순채는 초간장으로 버무려 제출하시오.

1. 재료 확인 → 2. 재료 분리 → 3. 재료 씻기

재료

- 죽순 ········· 100g
- 소고기 ········ 50g
- 표고버섯 ······· 1장
- 숙주 ·········· 30g
- 미나리 ········ 20g
- 홍고추 ········· 1개
- 달걀 ··········· 1개
- 소금, 참기름

미나리 · 숙주 양념
- 소금, 참기름

소고기 · 표고 양념
- 간장 ············ 1T
- 설탕 ············ 1t
- 다진 파 ········· 1t
- 다진 마늘 ······ 1/2t
- 소금, 후추, 참기름

초간장
- 간장 ············ 2T
- 식초 ············ 2T
- 설탕 ············ 1T

만드는 법

1 **죽순**은 석회를 제거하여 씻은 다음 빗살 무늬를 살려 5×0.3cm로 썬다.

2 **썰어 놓은 죽순**은 끓는물에 소금을 넣고 데친 다음 찬물에 헹궈 물기를 제거한다.
숙주는 거두절미하여 끓는 물에 데쳐 소금, 참기름으로 밑간 한다.
미나리는 줄기 부분만 5cm 길이로 자른 다음 데쳐 소금, 참기름으로 밑간 한다.

3 **소고기**는 채 썰어 핏물을 제거한 후 고기 양념을 한다.
표고버섯은 곱고 가늘게 채 썰어 표고 양념을 한다.
홍고추는 5×0.2×0.2cm 길이로 채 썬다.

4 팬에 **죽순, 홍고추, 표고버섯, 고기** 순으로 볶아 식힌다.

5 **달걀**은 황·백지단을 부쳐 가늘게 채 썬다.
초간장을 만든다.
손질한 재료를 한데 모아 준비해 둔다.

6 볼에 **황·백지단**을 제외한 나머지 재료를 담고 초간장으로 버무려 접시에 담고 **황·백지단**을 고명으로 올린다.

Point

1. 죽순은 석회 부분을 깨끗이 제거한다.
2. 미나리는 살짝 데쳐 찬물에 담가 두어야 색이 선명하다.

취나물무침

취나물은 알싸한 향과 맛으로 식욕을 돋우고 체내의 염분을 배출시키는 데 도움을 주는 봄 채소이다. 3~5월이 제철이다.

▎요구사항

취나물볶음은 데쳐 볶아서 제출하시오.

1. 재료 확인 ➡ 2. 재료 분리 ➡ 3. 재료 씻기

재료

- 취나물 ············ 200g
- 소금

양념

- 국간장 ············ 1T
- 다진 파 ············ 1t
- 다진 마늘 ·········· 1/2t
- 깨소금, 참기름

만드는 법

1 **취나물**은 어린잎으로 골라 길이 3~4cm로 다듬어 놓은 다음 줄기 부분 먼저 끓는 물에 소금을 넣고 한소끔 끓인다.
파, 마늘은 곱게 다진다.

2 한소끔 끓인 줄기 부분에 잎 부분을 넣고 데친다.

3 찬물에 담가 **떫은 맛**을 제거하고 물기를 꼭 짠 후 양념을 한다.

4 손질한 **재료**를 한데 모아 준비해 둔다.

5 달군 팬에 식용유를 두르고 양념한 **취나물**을 볶다가 마지막에 **깨소금과 참기름**을 넣어준다.

Point

1. 봄나물은 파, 마늘을 적게 넣어야 나물의 향을 살릴 수 있다.

밀쌈

밀전병에 여러 가지 소를 넣고 돌돌 만 음식이다.
유두절식의 하나로, 구절판과 비슷하지만 미리 재료를 전병(煎餠)에 싸서 만든다는 차이가 있다.

i 요구사항

1. 완성된 밀쌈은 지름 2cm, 길이 4cm 정도의 원기둥으로 만드시오.
2. 완성된 밀쌈은 8개 이상 만들고 겨자장을 곁들여 내시오.

1. 재료 확인 ➔ 2. 재료 분리 ➔ 3. 재료 씻기

재료

- 소고기(우둔) ……… 50g
- 오이 ……………… 1/3개
- 당근 ……………… 1/3개
- 표고버섯 ………… 2장
- 달걀 ……………… 1개

밀전병
- 밀가루 …………… 1/2C
- 물 ………………… 1/2C
- 소금 ……………… 1/4t

소고기·표고 양념
- 간장 ……………… 2t
- 설탕 ……………… 1t
- 다진 파 …………… 1t
- 다진 마늘 ………… 1/2t
- 깨소금, 후추, 참기름

겨자장
- 겨자가루 ………… 2T
- 따뜻한 물 ………… 1T
- 식초 ……………… 2T
- 설탕 ……………… 2T
- 소금 ……………… 1t
- 간장 ……………… 1/2t

만드는 법

1 **밀가루**는 동량의 물을 넣고 소금을 약간 넣어 농도를 맞춘 후 체에 내려 숙성시킨다.
겨자가루는 물에 개어 냄비 뚜껑 위에 얹어 발효시킨다.
파, 마늘은 다진다.

2 **소고기**는 핏물을 제거하여 0.2×0.2×5cm로 가늘게 채 썰어 양념하고 볶는다.
표고버섯은 불린 다음 수분을 제거하고 얇게 포를 떠서 가늘게 채 썬 후 양념하여 볶는다.
달걀은 황·백지단을 부쳐 5cm 길이로 가늘게 채 썬다.

3 **오이**는 돌려 깎아 0.2×0.2×5cm 크기로 채 썰어 소금에 약간 절인 다음 팬에 볶는다.
당근은 0.2×0.2×5cm 크기로 채 썰어 볶는다.

4 팬에 **밀전병**을 얇게 부친다.

5 접시 위에 **밀전병**을 펼쳐 놓고 준비한 재료를 놓어 단단하게 만다.

6 말아 놓은 **밀쌈**은 2×4cm 길이로 요구사항 개수에 맞춰 썰고 **겨자장**과 함께 제출한다.

Point

1. 모든 재료는 가늘게 썰어야 말았을 때 전병이 찢어지지 않는다.
2. 밀전병은 약한 불에서 기름을 적게 사용하여 얇게 부친다.
3. 죽순이 나올 경우 채 썰어 볶은 후 사용한다.

삼색밀쌈

밀쌈의 전병 반죽에 물, 당근즙, 오이즙을 각각 넣어 세 가지로 색을 내 부친 음식이다.
알록달록한 빛깔이 예쁘고 먹기 깔끔하여 술안주나 교자상 음식으로 좋다.

▮ 요구사항

1. 당근과 오이즙을 사용하여 주황색, 녹색, 흰색으로 밀전병을 부치시오.
2. 당근, 오이, 표고버섯, 소고기, 달걀 지단을 채 썰어 사용하시오.
3. 밀쌈은 지름 2cm, 길이 4cm 크기로 각각 3개씩 제출하고 초간장을 곁들이시오.

1. 재료 확인 → 2. 재료 분리 → 3. 재료 씻기

재료

- 소고기(우둔) …… 100g
- 오이 …………… 1/2개
- 당근 …………… 100g
- 표고버섯 ………… 2장
- 달걀 …………… 1개
- 소금

소고기·표고 양념
- 간장 …………… 1T
- 설탕 …………… 1t
- 다진 파 ………… 1t
- 다진 마늘 ……… 1/2t
- 깨소금, 후추, 참기름

흰 밀전병
- 밀가루 ………… 1/2C
- 물 ……………… 1/2C
- 소금

당근 밀전병
- 밀가루 ………… 1/2C
- 당근즙 ………… 1/2C
- 소금

오이 밀전병
- 밀가루 ………… 1/2C
- 오이즙 ………… 1/2C
- 소금

초간장
- 간장 …………… 1T
- 식초 …………… 1T
- 설탕 …………… 1/2T

만드는 법

1 당근 1/2개와 오이 1/2은 강판 안쪽에 면포를 깔고 갈아 즙을 낸다.
겨자가루는 물에 개어 냄비 뚜껑 위에 얹어 발효시킨다.
파, 마늘은 다진다.

2 **밀가루**는 3등분으로 나누어 각각 물, 오이즙, 당근즙을 넣고 소금으로 간하여 3종류의 반죽을 만든다.

3 **오이 1/2**은 돌려 깎아 5×0.2×0.2cm 정도의 크기로 곱게 채 썰어 소금에 절인 후 수분을 제거하여 볶는다.
당근은 5×0.2×0.2cm 크기로 채 썰어 볶다가 소금을 간한다.
소고기는 결대로 5×0.2×0.2cm로 가늘게 채 썰어 양념하여 볶고 표고버섯도 5×0.2×0.2cm 길이로 채 썰어 양념하여 볶는다.

4 팬에 3종류의 **밀전병**을 얇게 부쳐낸다.
달걀은 황·백지단을 부쳐 5cm 길이로 가늘게 채 썬다.

5 **손질한 재료**는 한데 모아 준비해 둔다.

6 도마 위에 **밀전병**을 펼쳐 놓고 준비한 재료를 놓아 단단하게 만 후 4cm 길이로 썰어 색깔별로 각각 3개씩 제출한다.
겨자장을 만들어 함께 제출한다.

Point

1. 밀쌈은 속 재료가 보일 정도로 얇게 부친다.

구절판

구절판은 아홉으로 나뉜 목기로 여기에 아홉 가지 재료를 담았다고 해서 그릇 이름 그대로 구절판이라고 불린다. 조리된 고기와 채소 등이 조화롭게 담겨 있어 보기에도 아름답고 맛도 좋으며 영양적으로도 균형이 잘 잡힌 음식이다.

▎요구사항

1. 밀전병은 6cm 크기로 7개 만드시오.
2. 고기, 채소, 지단은 0.2×0.2×5cm 크기로 곱게 채 썰어 볶아서 사용하시오.

1. 재료 확인 → 2. 재료 분리 → 3. 재료 씻기

재료

- 소고기 ············ 100g
- 오이 ············· 1/2개
- 당근 ············· 1/2개
- 숙주 ············· 100g
- 표고버섯 ········· 2장
- 달걀 ············· 1개
- 석이버섯 ········· 10g

밀전병

- 밀가루 ··········· 1/2C
- 물 ··············· 1/2C
- 소금

소고기 · 표고 양념

- 간장 ············· 2T
- 설탕 ············· 1T
- 다진 파 ··········· 1t
- 다진 마늘 ········· 1/2t
- 깨소금, 후추, 참기름

겨자장

- 겨자가루 ········· 1T
- 따뜻한 물 ········ 1T
- 식초 ············· 2T
- 설탕 ············· 2T
- 소금 ············· 1t
- 간장 ············· 1/2t

만드는 법

1. **밀가루**는 동량의 물을 넣고 소금으로 간 하여 풀어서 체에 내린다.
   파, 마늘은 다진다.
   소고기는 결대로 5×0.2×0.2cm 정도 길이로 얇게 채 썰어 양념한다.
   표고는 불려서 기둥을 제거하고 가늘게 채 썰어 양념한다.
   겨자가루는 물에 개어 냄비 뚜껑 위에 얹어 발효시킨다.

2. **석이**는 불려서 소금으로 문질러 씻은 다음 채 썰어 소금과 참기름으로 간하여 볶는다.
   숙주는 거두절미한 후 데쳐서 소금, 참기름으로 양념한다.

3. **달걀**은 황·백지단을 부쳐 5cm 길이로 가늘게 채 썰어준다.

4. **당근**은 5×0.2×0.2cm 크기로 채 썰어 볶다가 소금으로 간한다.
   오이는 돌려 깎아 5×0.2×0.2cm 정도의 크기로 곱게 채 썰어 소금에 절인 후 수분을 제거하여 볶는다.
   양념한 소고기와 표고도 볶는다.

5. 팬에 기름을 얇게 두르고 **밀전병**을 지름 6cm 정도의 원으로 부친다.

6. 접시 가운데 밀전병을 놓고 손질한 재료를 색 맞추어 돌려 담아 낸다.
   겨자장을 만들어 함께 곁들인다.

Point

1. 모든 재료의 채는 일정하게 얇게 썰고 센 불에서 빨리 볶아 식혀야 색깔이 선명해진다.
2. 밀전병의 농도가 너무 묽지 않게 주의한다.

도라지대추나물

도라지는 특유의 쌉쌀한 맛과 향이 있어 다양한 요리에 활용된다. 도라지에 쌉쌀한 맛을 내는 사포닌 성분은 호흡기 질환에 효과가 좋아서 기침, 가래, 천식의 완화에 도움이 된다.

▎요구사항

도라지는 0.3×0.3×6cm 크기로 채 썰어서 쓴맛을 뺀 후 기름에 볶으시오.

1. 재료 확인 → 2. 재료 분리 → 3. 재료 씻기

재료

- 도라지 ············ 200g
- 대추 ··············· 5개
- 소금, 식용유

양념

- 소금
- 다진 파 ············ 1T
- 다진 마늘 ········ 1/2T
- 깨소금, 참기름

만드는 법

1 **도라지**는 칼 뒤끝으로 돌려가며 껍질을 벗긴다.
파, 마늘은 다진다.

2 껍질을 벗긴 **도라지**는 6cm 길이로 가늘게 채 썰어 소금을 넣고 바락바락 주물러 쓴맛을 빼고 부드럽게 한다.

3 **대추**는 돌려 깎기 후 밀대로 밀어 얇게 만든 다음 채 썬다.

4 **손질한 재료**는 한데 모아 준비해 둔다.

5 달군 팬에 식용유를 두르고 **도라지**를 넣고 볶다가 물 3T와 채 썬 **대추**를 넣고 익힌다.
도라지가 거의 익으면 깨소금, 참기름을 조금 넣고 고루 섞어서 접시에 담아낸다.

Point

1. 도라지는 먼저 흙을 씻어내고 껍질을 제거해야 깔끔하다.

어채

흰살생선을 포를 떠서 녹말가루를 묻혀 끓는 물에 잠깐 데친 다음
찬물에 헹구어 차게 먹는 음식이다.

¡ 요구사항

1. 오이, 홍고추, 표고버섯을 2×4cm로 썰어 녹말옷을 묻히고 석이버섯은 그대로 녹말옷을 묻히시오.
2. 초고추장을 곁들이시오.

1. 재료 확인 → 2. 재료 분리 → 3. 재료 씻기

재료

- 흰살생선 ············ 200g
- 오이 ················ 1/2개
- 홍고추 ·············· 1개
- 표고버섯 ············ 2장
- 석이버섯 ············ 2장
- 달걀 ················ 1개
- 녹말가루 ············ 100g
- 소금, 후추, 식용유

생선 밑간
- 소금
- 청주 ················ 1t
- 생강즙 ·············· 1t
- 백후추

초고추장
- 고추장 ·············· 1T
- 식초 ················ 1t
- 설탕 ················ 1t

만드는 법

1. **생선살**은 껍질을 제거하여 물기를 제거한 다음 3×4×0.5cm 크기로 포를 떠서 밑간한다.
오이는 껍질 부분만 도톰하게 벗겨 2×4cm 크기로 썬다.
홍고추는 반으로 갈라 씨를 빼고 2×4cm 크기로 썬다.
석이버섯은 소금으로 문질러 깨끗이 씻어 준비한다.

2. **표고버섯**은 불려서 기둥을 제거하고 2×4cm 크기로 썬다.
달걀은 황·백지단을 도톰하게 부쳐 2×4cm 크기로 썬다.
생선, 홍고추, 오이, 표고, 석이버섯에 수분이 충분히 흡수되도록 녹말가루를 묻혀둔다.

3. 끓는 물에 소금을 넣어 **오이, 홍고추, 표고버섯**을 데쳐 찬물에 넣어 식히고 다시 녹말가루를 입혀 데치기를 2~3회 반복하여 녹말 옷이 충분히 입혀지도록 한다.

4. **석이버섯**도 끓는물에 데쳐 찬물에 넣어 식히고 다시 녹말가루를 입혀 데치기를 2~3회 반복하여 녹말 옷이 충분히 입혀지도록 한다.

5. **생선**에 녹말가루를 입혀 끓는물에 데쳐 찬물에 넣어 식히고 다시 녹말가루를 입혀 데치기를 2~3회 반복하여 녹말 옷이 충분히 입혀지도록 한다.

6. **손질한 재료**는 한데 모아 준비해 두고 접시 가운데 생선살을 모아 담아 나머지 재료는 색을 맞춰 돌려 담는다.
초고추장을 만들어 함께 곁들여 낸다.

Point

1. 녹말에 묻힌 재료는 끓는물에 투명해질 때까지 데친다.
2. 잣이 나오면 잣가루를 만들어 초고추장에 올려 제출한다.

양지머리편육

소의 양지머리를 큰 덩어리째로 삶아 뜨거울 때 눌렀다가 식혀 썬 음식이다.

┃요구사항

1. 편육은 0.3cm 두께로 전량 제출하시오.
2. 초간장을 곁들여 내시오.

1. 재료 확인 → 2. 재료 분리 → 3. 재료 씻기

재료

- 양지머리 ······ 200~250g
- 대파 ················· 1/3대
- 마늘 ···················· 2개
- 소금 ······················ 1t

초간장

- 간장 ····················· 1T
- 식초 ····················· 1T
- 설탕 ··················· 1/2T

만드는 법

1 **양지머리**는 핏물을 뺀 다음 끓는 물에 대파와 마늘을 넣고 불을 낮추어 고기가 푹 무르도록 삶는다.

2 **고기**가 무르게 익으면 소금을 넣고 잠시 더 끓인다.

3 **고기**는 면보에 싼 다음 반듯하게 모양을 잡는다.

4 초간장을 만든다.

5 모양을 잡은 **편육**은 고기결 반대 결로 5×3×0.3cm 크기로 저며 흐트러지지 않게 담아낸다.

Point

1. 요구사항에 따라 크기를 조절한다.

원소병

원소병(元宵餅)은 찹쌀가루를 색색으로 반죽하여 소를 넣고 경단 모양으로 빚어 삶아 내어 꿀물에 띄워낸 음료이다. 원소병은 한자로 元宵餅, 또는 圓小餅이라 쓴다. 원소(元宵)란 '정월 보름날 밤'이라는 뜻으로 설날에 해먹는 절식의 뜻이 담겨 있다.

▮ 요구사항

1. 3가지의 색을 녹말옷을 입혀 익힌 후 3개씩 제출하시오.
2. 설탕물에 잣을 띄워 제출하시오.

재료

- 찹쌀가루 ············ 1½C
- 치자 ················· 2개
- 쑥가루 ············· 1/3t
- 백년초가루 ········ 1/3t
- 잣 ···················· 1t
- 녹말가루 ············· 4T
- 소금

치자 반죽
- 찹쌀가루 ············ 1½C
- 치자물 ················ 2t
- 소금

쑥가루 반죽
- 찹쌀가루 ············ 1½C
- 쑥가루 ············· 1/3t
- 소금

백련초가루 반죽
- 찹쌀가루 ············ 1½C
- 백년초가루 ········ 1/3t
- 소금

소
- 유자청 ·············· 10g
- 대추 ··················· 3개
- 계핏가루

꿀물
- 물 ···················· 3C
- 설탕 ··················· 3T
- 꿀 ···················· 1T

만드는 법

1 **치자**는 반으로 쪼개서 따뜻한 물에 담가 치자 물을 만든다.
백년초 가루와 쑥가루는 물에 개어 놓는다.
찹쌀가루는 3등분하여 치자물, 물에 갠 백년초가루와 쑥가루에 소금을 넣고 3종류의 반죽을 만들어 숙성한다.

2 **유자청 건지와 대추**를 곱게 다져 계핏가루와 섞어 소를 만든다.
물 3C에 설탕 3T, 꿀 1T를 넣어 살짝 끓여 꿀물을 만들어 식힌다.

3 손질한 재료를 한데 모아 준비해 둔다.

4 3색 **찹쌀 반죽**에 소를 넣고 지름이 2cm 정도 되게 동그랗게 빚는다.

5 빚어 놓은 3색 찹쌀 반죽에 **녹말가루**를 묻힌 다음 끓인다.

6 5의 끓인 3색 찹쌀 반죽은 찬물에 담갔다 건진다.
식힌 **꿀물**에 색깔별로 떡을 3개씩 넣고 잣을 띄운다.

Point

1. 반죽할 때 반죽 농도가 너무 질면 빚은 모양이 동그랗지 않으므로 주의한다.
2. 반죽은 식용 색소가 나올 수 있다.
3. 노란 색소, 홍색소, 녹차가루도 지급될 수도 있다.

꽃게김치

꽃게의 살을 발라내어 무와 배, 쪽파를 넣고 김치 양념에 버무려 꽃게 등껍질 속에 넣고 익히는 독특한 김치이다.

❕ 요구사항

무, 배, 밤, 쪽파의 재료를 김치양념에 버무려 게등딱지에 담아내시오.

1. 재료 확인 ➡ 2. 재료 분리 ➡ 3. 재료 씻기

재료

- 꽃게 ········· 1마리
- 무 ··········· 40g
- 배 ··········· 1/4개
- 쪽파 ········· 10g
- 소금, 설탕

김치양념

- 멸치액젓 ······· 1T
- 고춧가루 ······· 2T
- 설탕 ··········· 1/2t
- 다진 마늘 ······ 1/2T
- 다진 생강 ······ 1/2t

만드는 법

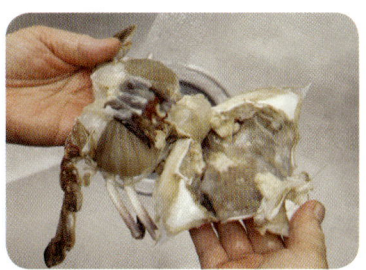

1 **꽃게**는 깨끗이 씻어 손질한 뒤 게를 등딱지와 몸통으로 분리하여 게살을 긁어내고 등껍질을 준비한다.
생강과 마늘은 다진다.

2 **무**는 다듬어 씻어 2cm×2cm×0.3cm 두께로 썰어 소금에 절여 물기를 제거한다.
배는 껍질을 벗겨 무와 같은 크기로 썬다.

3 **쪽파**는 2cm 길이로 썬다.

4 **손질한 재료**는 한데 모아 준비해 둔다.

5 볼에 **양념장**과 손질한 재료를 넣고 버무린다.

6 버무려 놓은 김치를 **꽃게 등껍질**에 담아낸다.

Point

1. 고춧가루는 불려서 사용하면 김치의 색이 곱지만 시험장에서는 시간관계상 생략한다.

보쌈김치

개성지방의 향토음식으로 개성에서 나는 배추는 속이 연하고 잎이 길며 맛이 고소하여
이와 같은 김치가 발달하였다.

▎요구사항

1. 무, 배추는 0.3×3×3cm 크기로 나박썰기, 배, 밤은 편썰기. 미나리, 갓, 파, 낙지는 3cm 크기로 썰어 굴, 마늘채, 생강채와 함께 김치속으로 사용하시오.
2. 그릇 바닥을 배추로 덮은 후 내용물을 담고 배춧잎의 끝을 바깥쪽으로 모양있게 접어 넣어 내용물이 보이도록 제출하시오.
3. 석이, 대추, 잣은 고명으로 얹으시오.
4. 보쌈김치가 절반 정도 잠기도록 국물을 만들어 부으시오.

1. 재료 확인 → 2. 재료 분리 → 3. 재료 씻기

재료

- 절인 배추 ·········· 3~4장
- 무 ···················· 50g
- 배 ···················· 1/4개
- 갓 ···················· 20g
- 미나리 ·············· 3줄기
- 쪽파 ················· 3줄기
- 석이버섯
- 밤 ···················· 1개
- 대추 ················· 1개
- 마늘 ················· 2쪽
- 생강 ················· 1톨
- 잣 ···················· 5알
- 낙지 ················· 50g
- 생굴 ················· 20g

양념

- 고춧가루 ··········· 2~3T
- 소금
- 새우젓 ··············· 1T
- 채 썬 마늘, 채 썬 생강

만드는 법

1. **절인 배추**는 잎부분은 보쌈용으로 자르고 줄기 부분은 3×3cm 크기로 썬다.
무는 껍질을 벗겨 사방 3×3×0.3cm 크기로 썰어 소금에 절인다. **마늘과 생강**은 곱게 채 썬다. **잣**은 고깔을 떼어낸다.
석이버섯은 불려서 소금으로 문질러 씻은 다음 채 썬다. **대추**는 돌려 깎기 하여 씨를 빼낸 후 곱게 채 썬다.

2. **새우젓**은 다져서 면포에 거른다.
배는 3×3×0.3cm 크기로 썰어 설탕물에 담갔다 건진다.
밤은 껍질을 벗겨 0.3cm 두께로 편을 썰어 설탕물에 담갔다 건진다.
갓, 미나리, 쪽파는 3cm 길이로 썬다.
실고추는 고명용으로 준비해 둔다.

3. **낙지**는 소금으로 주물러 씻어 3cm 길이로 자른다. **생굴**은 연한 소금물로 살살 흔들어 씻은 후 체에 받쳐 물기를 제거한다.
그릇에 담은 **보쌈용 잎부분**과 **고명**, 거른 새우젓을 제외한 **모든 재료**는 한데 모아 준비해 둔다.

4. 볼에 **손질한 재료**들을 담고 양념장을 만든다.

5. 볼에 **모든 재료**를 담고 양념장을 넣어 고루 버무린 후 오목한 그릇에 보자기용 배추 잎을 깔고 양념한 재료를 김치 속에 담아 배추 잎의 끝을 바깥쪽으로 보기 좋게 만 후 **대추채, 석이채, 잣**을 고명으로 얹는다.

6. 소를 버무린 볼에 물을 약간 붓고 소금으로 간을 하여 국물을 만든 후 **보쌈 김치**가 반 정도 잠기도록 붓는다.

Point

1. 새우젓은 다져서 즙만 사용해야 깔끔하다.
2. 실고추가 나올 경우 고명으로 올린다.

석류김치

무를 토막내 바둑판처럼 칼집을 낸 뒤 소금물에 절여서 칼집 낸 사이사이에 김칫소를 채워넣고 배춧잎으로 싸서 삼삼한 소금물을 부어 담그는 김치이다. 가을과 겨울철에 주로 담가 먹으며 김치의 모양이 익어서 벌어진 석류와 닮았다하여 석류김치라 부른다.

요구사항

1. 무는 높이를 4cm로 하고 1cm 간격으로 가로, 세로 칼집을 넣고, 실파는 1cm 길이로 썰어 사용하시오.
2. 배추는 굵은 소금에 절여 사용하시오.
3. 무, 밤, 대추, 표고버섯, 석이버섯, 마늘, 생강은 1×0.1cm 크기로 채 썰어 사용하시오.

1. 재료 확인 → 2. 재료 분리 → 3. 재료 씻기

재료

- 무 ················ 150g
- 배춧잎 ············ 2잎
- 굵은소금
- 표고버섯 ·········· 1장
- 석이버섯 ··········· 1g
- 생강, 실고추, 소금, 설탕

김치소 양념

- 무 ················· 50g
- 밤 ·················· 1개
- 대추 ················ 1개
- 마늘 ················ 1쪽

김치 국물

- 물 ················· 1/2C
- 소금 ··············· 1/2t

만드는 법

1 **배추**는 씻어 **굵은소금물**에 절인다.
마늘과 생강은 가늘게 채 썬다.
실고추는 1cm로 자른다.
표고버섯은 윗부분만 포를 떠서 1×0.1cm 길이로 가늘게 채 썬다.
석이버섯은 불려서 이끼를 깨끗이 손질하고 1×0.1cm 길이로 가늘게 채 썬다.

2 **무**는 깨끗이 씻어 높이 4cm로 썬 다음 밑부분 1cm 정도를 남기고 1cm 간격으로 가로, 세로 칼집을 넣어 소금물에 절인다.
약간의 무는 1×0.1cm 길이로 가늘게 채 썬다.

3 **밤, 대추**는 손질하여 1×0.1cm 길이로 가늘게 채 썬다.
손질한 재료를 한데 모아 준비해 둔다.

4 볼에 **모든 재료**를 넣고 고루 버무려서 김치소를 만든다.

5 절인 무의 칼집 사이사이에 **김치소**를 채워 넣는다.

6 절인 무를 배춧잎으로 싸서 그릇에 담고, **김칫국물**을 만들어 붓는다.

Point

1. 무는 소금에 잘 절여져야 속이 잘 들어간다.
2. 김치소의 재료들은 가늘게 채 썰어야 무에 잘 넣을 수 있다.
3. 무는 재료에 1/2이 나오므로 둥글게 해준 다음 남은 것은 김치소에 채 썰어 넣는다.

숙깍두기

깍뚝썰기 한 무를 살짝 삶아 버무린 김치로, 치아가 약한 노인들에게 좋으며 보통 깍두기와 다른 맛이 난다.

i 요구사항

1. 무는 2×2cm 크기로 썰어 데쳐서 사용하시오.
2. 김치 양념에 버무려서 제출하시오.

1. 재료 확인 → 2. 재료 분리 → 3. 재료 씻기

재료

- 무 ················· 300g
- 쪽파 ··············· 10g
- 미나리 ············· 10g

김치양념

- 설탕 ················ 1/2T
- 새우젓 ·············· 1T
- 고춧가루 ············ 1½T
- 다진 마늘 ··········· 1T
- 다진 생강 ··········· 1t
- 소금

만드는 법

1 무는 2×2cm 정도 크기의 사각형으로 썬다.

2 쪽파와 미나리는 씻어 길이 3cm 정도로 썬다.

3 새우젓은 굵게 다진 다음 면보에 거른다.

4 물이 끓으면 소금과 무를 넣고 데치고 건져내서 물기를 뺀 다음 소금과 설탕으로 다시 절인다.

5 손질한 재료를 한데 모아 준비해 둔다.

6 손질한 무에 쪽파, 미나리를 넣고 김치양념으로 버무린다.

Point

1. 무를 너무 삶으면 물러지므로 살짝만 삶는다.

장김치

장김치는 간장으로 간을 맞춘 김치를 말한다. 소금에 발효시키는 일반 김치와는 색다른 맛과 향을 낸다. 주로 경제적인 여유가 있던 궁중이나 양반집에서 담가 먹었다.

ⅰ 요구사항

1. 무, 배추는 2.5×2.5×0.2cm로 썰어 국간장에 절이고 갓, 미나리, 쪽파는 3cm로 썰으시오.
2. 표고버섯, 마늘, 생강은 채 썰고 잣, 대추, 석이버섯, 실고추는 고명으로 사용하시오.

1. 재료 확인 → 2. 재료 분리 → 3. 재료 씻기

재료

- 배추 ········· 1장
- 무 ············ 50g
- 갓(적겨자 대체 가능) ··· 20g
- 미나리 ······ 5g
- 쪽파 ········· 2줄기
- 표고버섯 ··· 1개
- 밤 ············ 1개
- 배 ············ 1/4개
- 마늘 ········· 2쪽
- 생강 ········· 1/3쪽
- 국간장
- 설탕
- 소금

고명 재료

- 잣 ············ 5알
- 대추 ········· 1개
- 석이버섯 ··· 2장
- 실고추

만드는 법

1. 무는 껍질을 벗기고 2.5×2.5×0.2cm 크기로 썰어 국간장에 절인다.
   마늘, 생강은 곱게 채 썬다.
   쪽파, 미나리, 갓은 2.5cm 길이로 썬다.
   실고추는 2.5cm 길이로 잘라 놓는다.

2. **배추**는 씻어서 2.5×2.5×0.2cm 크기로 썬다.
   표고버섯은 포를 떠서 2.5cm 길이로 채 썬다.
   석이버섯은 불려서 소금으로 문질러 씻은 다음 채 썬다.

3. 썰어 놓은 **배추**는 국간장에 절인다.
   배는 3×3cm 크기로 썰어서 설탕물에 담갔다 건진다.
   밤은 껍질을 벗겨 모양대로 썰어 설탕물에 담갔다 건진다.
   잣은 고깔을 떼어낸다.
   대추는 돌려 깎기 해서 밀대로 밀어 얇게 만든 후 곱게 채 썬다.

4. **손질한 재료**는 한데 모아 준비해 둔다.

5. 절여 놓은 **배추**와 **무**의 간장을 따라내고 물 1C을 부은 후 설탕을 넣어 소금으로 간하여 국물을 만든다.

6. 따라낸 간장으로 국물의 색을 조절한 다음 **모든 재료**를 섞어 완성된 그릇에 담은 후 **잣, 대추채, 석이버섯, 실고추**를 고명으로 얹는다.

Point

1. 국물과 건지는 동량으로 담는다.
2. 무와 배추를 절인 간장을 따라내어 국물을 만들면 알맞은 색과 간으로 조절하여 만들 수 있다.

호박지

소금에 절인 늙은 호박에 김장 후 남은 재료를 버무려 만든 황해도 지역의 김치이다.

i 요구사항

1. 호박은 5×2cm 크기로 썰고 무청, 우거지도 5cm 길이로 썰어 사용하시오.
2. 김치양념에 버무려 제출하시오.

1. 재료 확인 ➡ 2. 재료 분리 ➡ 3. 재료 씻기

재료

- 늙은 호박 ········ 400g
- 무청 ············· 150g
- 우거지 ············ 1장
- 쪽파 ············· 20g
- 굵은 소금

김치양념
- 고춧가루 ·········· 2T
- 다진 마늘 ·········· 1t
- 다진 생강 ········ 1/2t
- 새우젓 ············· 1T
- 조개젓 ············· 1T

만드는 법

1 늙은 호박은 속을 파내고 껍질을 벗겨 길이 5cm, 두께 2cm로 썬 다음 소금을 넣고 절인 후 씻어서 물기를 뺀다.

2 무청은 길이 5cm 정도로 자르고 배추 우거지는 가로, 세로 5cm 정도로 썰어 굵은소금으로 각각 절인다.

3 쪽파는 5cm 정도로 썰고 새우젓과 조개젓을 굵게 다진다.

4 손질한 재료를 한데 모아 둔다.

5 절인 호박과 무청, 우거지, 쪽파를 한데 넣고 김치양념에 고루 버무린다.

Point

1. 호박은 소금에 오래 절이지 않는다.

고추소박이

풋고추의 배를 갈라 씨를 빼고 소금물에 살짝 절인 후 채 썬 무·배·양파와 부추·쪽파를 양념에 버무린 소를 넣어 만든 김치이다. 비타민 C가 풍부하여 피로회복에 좋다.

▌요구사항

풋고추는 칼집을 넣어 소금물에 절여 사용하고 무, 마늘, 생강은 2×0.2cm 길이로 채 썰고 부추, 쪽파는 2cm로 썰어 멸치액젓으로 버무려 사용하시오.

1. 재료 확인 ➔ 2. 재료 분리 ➔ 3. 재료 씻기

재료

- 풋고추 ·············· 5개
- 무 ················· 50g
- 부추 ··············· 50g
- 쪽파 ············ 2~3뿌리
- 마늘 ················ 1쪽
- 생강 ··············· 1/4쪽
- 멸치액젓 ············· 1T
- 소금
- 잣 ················· 2t

만드는 법

① **풋고추**는 꼭지 부분 1cm 정도를 남기고 고추 길이대로 칼집을 넣는다.

② 수저로 **풋고추의 씨**를 제거한 후 소금물에 절인다.
무, 마늘, 생강은 2×0.2cm 길이로 채 썬다.

③ **부추와 쪽파**는 2cm 길이로 썬다.

④ **손질한 재료**는 한데 모아 준비해 둔다.

⑤ 볼에 **무, 마늘, 생강, 부추, 쪽파**를 담고 **멸치액젓, 소금**으로 간하여 소를 만든다.

⑥ **절여진 풋고추** 속에 소를 채워 넣고 **잣**을 2~3개씩 박아 그릇에 담고 물 2T에 소금으로 간하여 국물을 만들어 놓은 고추에 부어낸다.

Point

1. 풋고추는 소금물에 잘 절여야 찢어지지 않는다.
2. 소 재료는 양념이 잘 배어든 다음 고추 속에 넣는다.

가지선

가지를 토막 내어 칼집을 넣은 후에 그 사이에 소고기를 채워 장국을 부어서 끓인 채소찜이다.

ℹ 요구사항

1. 가지는 길이를 6cm 정도로 하시오.
2. 가지선은 3개 제출하시오.

1. 재료 확인 → 2. 재료 분리 → 3. 재료 씻기

재료

- 가지 ················· 1~2개
- 소고기 ··············· 50g
- 표고버섯 ············· 1장
- 달걀 ·················· 1개
- 소금, 식용유

소고기·표고 양념
- 간장 ···················· 1t
- 설탕 ··················· 1/3t
- 다진 파 ················ 1t
- 다진 마늘 ············ 1/2t
- 깨소금, 후추, 참기름

만드는 법

1. **가지**를 6cm 길이로 썰어 양끝 1cm씩 남기고 십자로 칼집을 넣어 소금물에 담가둔다.
파, 마늘은 다진다.
실고추는 2cm 길이로 손질해 둔다.

2. **달걀**은 황백으로 분리하여 지단을 부치고 2×0.2cm 길이로 채 썬다.
소고기는 곱게 채 썰어 고기 양념한다.
표고버섯은 불려서 기둥을 제거하고 가늘게 채 썰어 양념을 한다.
석이버섯은 2cm 길이로 채 썬 다음 소금, 참기름으로 볶는다.

3. **손질한 재료**는 한데 모아 둔다.

4. **절인 가지**의 물기를 제거한 후 칼집 사이에 양념한 **소고기와 표고**를 채워 넣는다.

5. 냄비에 물을 넣고 끓으면 소를 채운 **가지**를 넣고 간이 고루 들도록 물을 끼얹으며 익힌다.

6. **가지**가 익고 국물이 거의 줄어들면 그릇에 담고 국물 1T 정도를 그릇 바닥에 부어 주고 고명을 올린다.

Point

1. 가지는 소금물에 충분히 절이는 것이 좋다.
2. 소를 채운 가지는 사방으로 굴려가며 국물을 끼얹으며 소를 잘 익혀야 한다.

궁중닭찜

조선시대 궁중음식으로 무르게 삶은 닭고기 살을 발라내어 굵직하게 찢은 후에 채 썬 버섯과 밀가루, 달걀을 풀어 걸쭉하게 끓인 음식으로, 기름기가 없어 담백하고 부드러운 맛이 특징이다.

요구사항

1. 닭은 내장과 기름기를 손질하여 삶아서 사용하시오.
2. 표고버섯, 목이버섯은 채 썰어 사용하시오.
3. 찜의 농도에 유의하고 석이버섯은 굵게 채 썰어 고명으로 사용하시오.

재료

- 닭(1.2kg 정도) … 1/2마리
- 표고버섯 …………… 1장
- 목이버섯 …………… 2장
- 석이버섯 …………… 1장
- 달걀 ………………… 1개

향미채소
- 대파 ……………… 30g
- 마늘 ……………… 2개
- 생강 ……………… 40g

육수
- 닭
- 소금 ………………… 1t
- 후추 ………………… 약간

닭고기 양념
- 소금 ……………… 1/3t
- 다진 파 …………… 1t
- 다진 마늘 ………… 1/2t
- 후추, 참기름

전분물
- 전분 ……………… 20g
- 물 ………………… 3T

만드는 법

1 닭은 내장과 기름기를 손질하여 물에 씻어 향미 채소를 넣고 삶는다.
삶아 놓은 닭은 살만 발라 찢어서 양념해 놓고 국물은 식혀서 기름을 걷어 체에 소창을 놓고 걸러준다.

2 **목이버섯**은 불려서 굵게 채 썰어 둔다.
표고버섯은 불려서 기둥을 떼고 굵게 채 썰어 둔다.
석이버섯은 불린 후 문질러 씻어 이끼를 없앤 다음 굵게 채 썰어 둔다.

3 **전분물**을 만들어 두고 **달걀**은 풀어 놓는다.
손질한 재료는 한데 모아 준비해 둔다.

4 냄비에 닭육수를 붓고 소금, 후추로 간을 맞추고 **표고버섯, 목이버섯**을 넣는다.

5 **전분물**을 조금씩 부어가며 주걱으로 저으면서 농도가 걸쭉해지도록 끓인다.

6 양념한 **닭살**을 넣고 끓어 오르면 **달걀**로 줄알을 치고 **석이버섯**을 고명으로 얹어서 낸다.

Point
1. 궁중닭찜에 농도를 조절할 때 전분이 제공되므로 농도에 유의하여 사용한다.
2. 목이버섯과 표고버섯은 굵은 채로 썬다.

꽃게찜 1

꽃게의 등딱지에 소를 넣고 찐 음식으로
색색의 고명을 얹어 정갈하고 맛이 좋다.

i 요구사항

홍고추, 풋고추, 황·백지단은 채 썰어 고명으로 사용하시오.

1. 재료 확인 → 2. 재료 분리 → 3. 재료 씻기

재료

- 꽃게 ············ 1마리
- 두부 ············ 100g
- 홍고추 ·········· 40g
- 풋고추 ·········· 40g
- 달걀 ············ 1개
- 밀가루 ·········· 1T

소 양념
- 소금 ············ 1/3t
- 다진 파 ········· 1t
- 다진 마늘 ······· 1/2t
- 후추, 깨소금, 참기름

만드는 법

1 **꽃게**는 깨끗이 씻어 등딱지를 열고 모래주머니와 아가미를 제거하고 몸통과 작은 다리에 들어 있는 살을 밀대로 밀어 체에 받쳐 물기를 제거한다.
파, 마늘은 다진다.

2 **두부**는 칼등으로 으깬 다음 면포로 물기를 제거한다.
볼에 발라낸 게살과 두부를 넣고 양념과 함께 잘 버무린다.

3 **홍고추와 풋고추**는 반으로 갈라 씨를 제거하고 4×0.2×0.2cm 크기로 채 썰어 팬에 볶다가 소금으로 간한다.
달걀은 황·백지단을 부쳐 4cm 길이로 채 썬다.

4 등딱지 안에 물기를 닦아 밀가루를 뿌린 다음 소를 채워 넣고 밀가루와 달걀을 묻혀 팬에 지진다.

5 지져낸 꽃게 위에 **고명**을 보기 좋게 올린다.

6 **고명**을 올린 꽃게는 집게 다리와 함께 찜통에 찐 후 제출한다.

Point

1. 석이버섯이 제공되면 채 썰어 소금, 참기름을 넣고 볶아 고명으로 사용한다.
2. 등딱지에 소를 채울 때는 평평하게 채운다.
3. 요구사항에 따라 다질 수 있다.
4. 숙주가 나올 경우 데쳐서 다진 다음 소에 넣는다.

꽃게찜 2

꽃게에는 단백질과 필수아미노산이 풍부하다.
꽃게에 들어있는 타우린 성분은 간 해독에 좋고 당뇨병에도 좋다.

요구사항

1. 찹쌀풀을 만들어 사용하시오.
2. 대추꽃을 만들어 고명으로 사용하시오.

1. 재료 확인 → 2. 재료 분리 → 3. 재료 씻기

재료

- 꽃게 ················· 1마리
- 홍고추, 풋고추 ··· 각 1개
- 두부 ················· 100g
- 밀가루 ··············· 1T
- 찹쌀가루 ············ 1/4C
- 대추 ················· 1개

소 양념

- 소금
- 다진 파 ············ 1t
- 다진 마늘 ········· 1/2t
- 참기름, 후추, 깨

만드는 법

1 **꽃게**는 깨끗이 씻어 등딱지를 열고 모래주머니와 아가미를 제거하고 몸통과 작은 다리에 들어 있는 살을 밀대로 밀어 체에 받쳐 물기를 제거한다.
파, 마늘은 다진다.
찹쌀풀을 만들어 놓는다.

2 **두부**는 칼등으로 으깬 다음 면포로 물기를 제거한다.
볼에 **발라낸 게살, 두부, 홍고추, 풋고추**를 넣고 양념과 함께 잘 버무린다.

3 등딱지의 물기를 제거하고 밀가루를 바른다.

4 등딱지 안에 소를 채워 넣고 **찹쌀풀**을 바른다.

5 **대추**는 돌려 깎기하여 장미모양을 만들어 고명으로 사용한다.

6 소를 채워 **찹쌀풀**을 발라 놓은 등딱지와 집게 다리를 찜통에 찌다가 대추를 고명으로 올려 한번 더 쪄낸다.

Point

1. 찹쌀가루는 체에 내린 후 물에 개어 사용한다.
2. 숙주가 나올 경우 데쳐서 다진 다음 소에 넣는다.

닭북어찜

토막낸 닭을 노릇하게 지져 북어와 다시마를 넣고 물엿으로 윤기나게 만든 찜으로 조선시대 궁중음식이다.

ⓘ 요구사항

황·백지단은 마름모꼴로 썰어 고명으로 얹어 제출하시오.

1. 재료 확인 → 2. 재료 분리 → 3. 재료 씻기

재료

- 닭 ············ 1/2마리
- 북어포 ········· 1마리
- 다시마(10cm) ····· 1장
- 마른 건고추 ······ 2개
- 달걀 ············ 1개
- 식용유

조림양념
- 간장 ············ 2T
- 설탕 ············ 1T
- 다진 파 ·········· 1T
- 다진 마늘 ······· 1/2t
- 생강 ··········· 1/4t
- 깨소금, 후추, 참기름

만드는 법

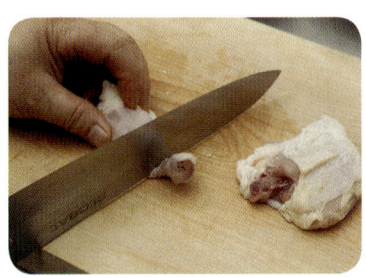

1 **닭**은 깨끗이 손질하여 5cm 정도로 토막 내어 소금, 후추로 간한다.
파, 마늘, 생강은 곱게 다진다.

2 **다시마와 마른 홍고추**는 면보로 닦고 다시마는 3×3cm 크기로 자르고 홍고추는 0.5cm 두께로 어슷썬다.

3 **북어포**는 머리, 꼬리, 지느러미를 제거하여 물에 불린 후 물기를 제거하고 4×4cm 정도로 잘라 **껍질쪽에 잔칼집**을 넣는다.

4 **손질한 재료**는 한데 모아 준비해 두고 양념장을 만든다.

5 냄비에 식용유를 두르고 마른 홍고추를 넣어 중불에서 볶아 **고추기름**을 만든다.

6 **고추기름**에 닭과 양념장을 넣고 어느 정도 익으면 **다시마와 북어포**를 넣고 양념장을 끼얹어가며 졸인다.
황·백지단은 마름모꼴로 썰어 고명으로 얹어 제출한다.

Point

1. 북어포는 오므라들지 않도록 껍질부분에 잔칼집을 잘 넣어야 한다.
2. 북어포와 다시마는 중간에 넣도록 한다.

대하찜

대하를 양념하여 찐 담백하고 고급스러운 음식이다. 찐 대하 위에 오색 고명을 올려 보기에도 좋고 신장 기능을 강하게 하고 양기를 왕성하게 해준다.

┃ 요구사항

1. 황·백지단, 풋고추, 홍고추, 석이버섯은 채 썰어 사용하시오.
2. 대하 3개와 겨자장과 함께 제출하시오.

1. 재료 확인 → 2. 재료 분리 → 3. 재료 씻기

재료

- 대하 ············ 3마리
- 홍고추 ············ 1개
- 풋고추 ············ 1개
- 달걀 ············ 1개
- 석이버섯 ············ 3장
- 소금, 식용유

대하 밑간

- 소금 ············ 1/2t
- 생강즙 ············ 1t
- 후추

겨자장

- 겨자가루 ············ 1T
- 물 ············ 1T
- 식초 ············ 1T
- 설탕 ············ 1T
- 소금 ············ 1t
- 간장 ············ 1/2t

만드는 법

1 **대하**는 가위로 물주머니, 수염, 다리를 제거하고 대하 두 번째 마디에서 내장을 뺀다.
겨자가루는 물에 개어 냄비 뚜껑에 덮어 발효시킨 다음 겨자장을 만들어 둔다.

2 **손질한 대하**는 반으로 갈라 안쪽에 잔 칼집을 넣어주고 등쪽에도 오그라들지 않게 칼집을 살짝 넣어준 후 밑간한다.

3 **달걀**은 황·백지단을 부쳐 2cm 길이로 채 썬다.
홍고추와 풋고추는 반으로 갈라 씨를 제거하고 2×0.2×0.2cm로 채 썰어 팬에 살짝 볶는다.
석이버섯은 불려서 문질러 씻은 후 채 썰어 볶고 소금과 참기름으로 양념한다.

4 밑간한 대하는 찜통에 3~5분 정도 쪄내고 **손질한 고명**들은 한데 모아 준비해 둔다.

5 쪄낸 대하에 **오색 고명**을 올린다.

6 김이 오른 찜통에 면포를 깔고 고명을 올린 **대하**를 넣고 살짝 쪄낸 후 **겨자장**과 함께 제출한다.

Point

1. 대하는 오그라들지 않도록 안쪽에 잔칼집을 넣어주고 등쪽에도 살짝 칼집을 넣어준다.
2. 생강은 즙을 사용한다.

대합찜

끓는 물에 데친 대합살을 곱게 썰어 소고기와 두부를 넣고 갖은 양념하여 대합 껍질에 담아 쪄낸 찜이다.

ｉ 요구사항

1. 황·백지단, 풋고추, 홍고추를 고명으로 올려서 2개를 제출하시오.
2. 초간장을 곁들여 제출하시오.

1. 재료 확인 ➡ 2. 재료 분리 ➡ 3. 재료 씻기

재료

- 대합 ········· 2개
- 소고기 ······· 50g
- 두부 ········· 30g
- 숙주 ········· 30g
- 홍고추 ······· 1개
- 풋고추 ······· 1개
- 달걀 ········· 1개
- 밀가루 ······· 4T
- 소금, 식용유

소 양념
- 소금 ········· 1/2t
- 다진 파 ······ 1t
- 다진 마늘 ···· 1/2t
- 깨소금, 후추, 참기름

초간장
- 진간장 ······· 1T
- 식초 ········· 1T
- 설탕 ········· 1/2T

만드는 법

1 **대합**은 깨끗이 씻어 끓는 물에서 입이 벌어지면 건져 살을 떼어내 내장과 수분을 제거하여 다진 후 팬에 수분이 날아가도록 살짝 볶는다.
파, 마늘은 곱게 다진다.
핏물을 제거한 **소고기**는 곱게 다지고 **두부**는 칼등으로 으깬 다음 면포로 물기를 제거한다.

2 **달걀**은 황·백지단을 부쳐 다지고 홍·풋고추는 반으로 갈라 씨를 제거하고 다진다.
숙주는 거두절미 후 데쳐서 송송 썬 후 면포로 물기를 제거한다.
볼에 다진 소고기, 으깬 두부, 다진 대합 살을 넣고 양념하여 잘 섞는다.

3 대합 껍데기 안쪽에 밀가루를 바르고 소를 수평으로 담는다.

4 **소를 채운 대합**은 밀가루를 묻힌 다음 달걀물을 발라 찜통에 10분 정도 찐다.

5 대합 위에 고명을 보기 좋게 올린다.

6 고명을 올린 대합은 찜통에 쪄낸 후 **초간장**을 함께 곁들여 제출한다.

Point

1. 대합찜의 소는 물기를 잘 제거해야 쪄낼 때 끓어넘치지 않는다.
2. 요구사항에 따라 고명은 채 썰어 사용하기도 한다.
3. 석이버섯이 나올 경우 채 썰어 볶아서 다져 사용한다.

도미찜 1

도미를 양념하여 찐 후 오색 고명을 올린 음식이다.
도미는 살이 단단하고 모양과 맛이 좋으며 다른 생선보다 쉽게 부패되지 않아
생선 중에서도 매우 귀한 것으로 여긴다.

┃요구사항

1. 도미는 지느러미, 아가미, 비늘을 제거한 다음 깨끗이 손질한 후 칼집을 넣고
   다져놓은 소고기를 양념해서 칼집 사이에 넣고 쪄서 사용하시오.
2. 황·백지단, 석이채, 풋고추, 홍고추를 채 썰어 볶아 사용하시오.

1. 재료 확인 → 2. 재료 분리 → 3. 재료 씻기

재료

- 도미 ············ 1마리
- 소고기 ············ 40g
- 홍고추 ············ 2개
- 풋고추 ············ 2개
- 석이버섯 ············ 15g
- 달걀 ············ 2개
- 소금, 식용유

소고기 양념
- 간장 ············ 1T
- 설탕 ············ 1/3t
- 다진 파 ············ 1t
- 다진 마늘 ············ 1/2t
- 깨소금, 후추, 참기름

도미 밑간
- 소금, 생강즙

만드는 법

1 **도미**는 가위로 지느러미와 아가미를 정리하고 칼로 비늘을 긁어낸 후 나무 젓가락으로 내장을 빼낸다.
양면에 2cm 간격으로 어슷하게 칼집을 넣어 소금, 후추로 간한다.
파, 마늘은 다진다.
핏물을 제거한 소고기는 곱게 다진다.

2 **석이버섯**은 불려서 문질러 씻은 후 채 썰어서 소금, 참기름으로 양념해 볶는다.
홍고추와 풋고추는 반으로 갈라 씨를 제거하고 4×0.2×0.2cm로 채 썰어 팬에 볶는다.
달걀은 황·백지단을 부쳐 4cm 길이로 채 썬다.

3 **손질한 재료**는 한데 모아 준비해 둔다.

4 **곱게 다진 소고기**는 양념하여 칼집 낸 도미 양면에 채워 넣고 쪄낸다.

5 고기를 넣고 쪄낸 도미 위에 **오색 고명**을 올린다.

6 **고명**을 올린 도미는 찜통에 다시 한번 살짝 쪄낸다.

Point

1. 도미는 양면에 칼집을 2cm 간격으로 일정하게 넣는다.
2. 도미 속에 채운 소고기는 반드시 익힌 다음 고명을 올린다.
3. 오색고명은 한번만 올려도 된다.

도미찜2

지방이 적고 살이 단단한 고단백 식품으로 회복기의 환자나 노인의 식사용으로 적합하며
비타민 B_1 함량이 높아 피로회복에 좋고 타우린이 풍부하여 알콜 해독과 혈압 안정에 도움을 준다.

❗ 요구사항

1. 소고기는 삶아 편육으로 썰어 놓으시오.
2. 황·백지단, 당근, 오이, 표고를 채 썰어 볶아 고명으로 올리시오.

1. 재료 확인 → 2. 재료 분리 → 3. 재료 씻기

재료

- 도미살 ············· 1마리
- 오이 ················ 1/4개
- 당근 ················ 1/4개
- 표고버섯 ············· 1장
- 달걀 ·················· 2개
- 밀가루 ················ 3T
- 소금, 식용유

육수
- 소고기(양지) ······ 70g
- 국간장 ············· 1/2t
- 소금 ·················· 1t

향채
- 대파 ················ 1/4대
- 마늘 ·················· 1개
- 생강 ·················· 1톨

표고버섯 양념
- 간장, 설탕, 참기름

도미 밑간
- 소금, 후추, 생강즙

만드는 법

1 찬물에 **소고기**와 **향미채소**를 넣고 끓인 다음 체에 면보를 놓고 받쳐 국간장과 소금으로 간하여 육수를 만들고 **편육**은 편으로 썬다.
도미살은 5cm 크기로 포를 떠서 소금, 후추로 밑간한다.

2 **오이**는 돌려 깎기하여 채 썰어 소금 간 하여 물기를 제거한다.
당근은 채 썰어 놓는다.
표고버섯은 불려서 기둥을 제거하고 가늘게 채 썰어 양념한다.

3 손질한 **오이, 당근, 표고버섯**은 팬에 볶아 준비한다.
달걀은 황·백지단을 부쳐 채 썬다.

4 손질한 **재료**는 한데 모아 준비해 둔다.

5 밑간한 **도미살**은 밀가루, 달걀물을 묻혀 전을 부친다.

6 그릇 중앙에 **편육**을 깔고 도미전을 올린 후 각각의 전에 오색 고명을 올리고 **육수**를 부어 **찜통에 다시 살짝 쪄낸다.**

Point

1. 육수는 1/3C 정도를 자작하게 붓고 쪄낸다.

두부선

두부선(豆腐膳)은 두부를 곱게 으깨어 고기와 채소를 섞어서 고르게 펴고 고명을 얹어 쪄낸 것으로 고단백 저열량 음식이다.

￭ 요구사항

1. 황·백지단, 표고버섯, 석이버섯은 2×0.1cm 크기로 채 썰어 사용하시오.
2. 겨자장과 함께 제출하시오.

1. 재료 확인 → 2. 재료 분리 → 3. 재료 씻기

재료

- 두부 ············ 150~200g
- 닭가슴살 ············ 60g
- 표고버섯 ············ 1장
- 석이버섯 ············ 2장
- 달걀 ············ 1개
- 잣 ············ 1t
- 실고추 ············ 약간
- 식용유

두부·닭고기 양념
- 소금 ············ 1/3t
- 다진 파 ············ 1t
- 다진 마늘 ············ 1/2t
- 소금, 후추, 참기름

겨자장
- 겨자가루 ············ 1T
- 따뜻한 물 ············ 1T
- 식초 ············ 2T
- 설탕 ············ 2T
- 소금 ············ 1t
- 간장 ············ 1/2t

만드는 법

1 **닭가슴살**은 힘줄을 제거하여 곱게 다진다.
두부는 으깬 후 면보로 짜서 물기를 제거한다.
표고버섯은 불려서 기둥을 제거하고 2×0.1cm 길이로 가늘게 채 썬다.
석이버섯은 불려서 문질러 씻은 다음 말아서 곱게 채 썬다.
파, 마늘은 곱게 다진다.

2 **달걀**은 황·백지단을 부쳐 2×0.1cm 길이로 가늘게 채 썬다.
잣은 고깔을 떼고 세로로 반 쪼개서 비늘 잣을 만들고 실고추는 2cm 길이로 자른다.
볼에 **다진 닭고기, 으깬 두부**를 담고 양념하여 잘 섞는다.

3 **겨자가루**는 물에 개어 냄비 뚜껑에 얹어 발효시킨 후 겨자장을 만든다.
손질한 재료는 한데 모아 준비해 둔다.

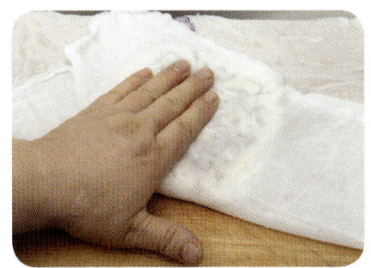

4 도마 위에 젖은 면포를 깔고 양념한 **두부**를 고루 펴서 10×10cm 크기로 네모지게 만든 후 **6가지 고명**을 얹고 면포를 덮어 살포시 눌러준다.

5 면포로 감싼 두부는 김이 오른 찜통에 10분 정도 찐다.

6 찐 두부는 면포를 풀고 한 김 식힌 후 **3×3cm** 크기로 잘라 9등분하여 접시에 담고 **겨자장**과 함께 제출한다.

Point

1. 고명을 올려 찐 두부는 식은 다음에 썰어야 부서지지 않는다.
2. 실고추는 고명과 함께 올려 쪄도 되지만 제일 마지막에 올려 살짝 뜸들이면 고추물이 들지 않아 깔끔하게 쪄낼 수 있다.
3. 요구사항에 따라 초간장을 제출할 수 있다.

떡찜

가래떡과 소고기, 각종 채소 등을 함께 넣고 조림처럼 만든 음식이다.
가래떡은 농기구 가래에서 가래 줄을 보고 떡을 손으로 비벼서 길게 만든 것에서 유래되었다.

요구사항

1. 소고기 육수를 만들고 떡은 4cm로 썰어 칼집을 내어 사용하시오.
2. 황·백지단, 미나리초대를 고명으로 올리시오.

1. 재료 확인 → 2. 재료 분리 → 3. 재료 씻기

재료

- 가래떡 ············· 1줄
- 소고기(우둔) ········ 50g
- 무 ················· 100g
- 당근 ················ 50g
- 표고버섯 ············ 2장
- 미나리 ············· 2줄기
- 은행 ················ 5알
- 달걀 ················ 1개

육수
- 소고기(사태) ········ 70g
- 소금 ················· 1t

향미채소
- 대파, 마늘, 생강

소고기 양념
- 간장 ················· 1T
- 설탕 ················ 1/2t
- 다진 파 ·············· 1t
- 다진 마늘 ··········· 1/2t
- 깨소금, 후추, 참기름

조림 양념장
- 간장 ·············· 2~3T
- 설탕 ················· 3T
- 육수 ················· 2C
- 다진 파 ·············· 1t
- 다진 마늘 ··········· 1/2t
- 깨소금, 후추, 참기름

만드는 법

1 찬물에 소고기 사태와 향미채소를 넣고 끓여 육수는 체에 면포를 놓고 받쳐두고 고기는 큼직하게 편으로 썬다.
표고버섯은 불려서 기둥을 떼고 2~3등분한다.
파, 마늘은 곱게 다진다.
조림 양념장을 만들어 놓는다.

2 **무와 당근**은 4cm 크기로 썰어 모서리를 다듬고 설익게 삶는다.
달걀은 황·백지단을 부친다.
미나리는 줄기부분만 미나리초대를 부친다.
은행은 열이 오른 팬에 기름을 두르고 볶아 껍질을 벗긴다.

3 **흰떡**은 4cm 길이로 썰어 양쪽 끝을 1cm 정도 남기고 일자 모양으로 칼집을 넣어 끓는 물에 살짝 데친다.

4 **소고기 우둔**은 곱게 다져서 양념한 후 떡 칼집 사이에 촘촘히 끼운다.

5 **손질한 재료**는 한데 준비해 둔다.

6 냄비에 찜 양념 2/3와 **삶은 사태, 표고**를 넣고 끓이다가 양념장이 어느 정도 줄어들면 **무, 당근, 떡**과 남은 양념을 넣고 윤기 나게 졸이다가 **은행**을 넣고 불을 끈다.
접시에 떡찜을 담고 마름모꼴로 잘라 놓은 **황·백지단과 미나리초대**를 고명으로 얹는다.

Point

1. 가래떡은 칼집을 잘 넣어야 갈라지지 않으며 끓는 물에 데쳐서 사용한다.
2. 밤과 잣이 나올 경우 밤은 껍질을 벗겨 함께 졸여내고 잣은 고깔을 떼어 고명으로 사용한다.

어선

오이, 가지, 호박, 배추, 두부 등의 식물성 주재료에 소고기나 닭고기 또는 채소의 소로 채워 넣어 장국에 넣어 끓이거나 찜통에 쪄서 만드는 음식으로 여름철 주안상에 어울리는 요리이다.

요구사항

1. 생선살은 어슷하게 포를 떠서 사용하시오.
2. 오이, 당근, 표고버섯은 채 썰어 볶아 사용하고 황·백지단은 채 썰어 사용하시오.
3. 어선 속재료가 중앙에 위치하도록 하고 3×2cm로 썰어 6개 제출하시오.

1. 재료 확인 ➡ 2. 재료 분리 ➡ 3. 재료 씻기

재료

- 동태 ················ 1마리
- 오이 ················ 1/2개
- 당근 ················ 1/3개
- 표고버섯 ············ 2장
- 달걀 ················ 1개
- 녹말가루 ············ 5T
- 식용유

생선 밑간
- 소금 ················ 1/2t
- 생강즙 ·············· 1t
- 후추

표고 양념
- 간장 ················ 1/2t
- 설탕 ················ 1/3t
- 참기름 ·············· 1/3t

겨자장
- 겨자가루 ············ 1T
- 따뜻한 물 ··········· 1T
- 식초 ················ 2T
- 설탕 ················ 2T
- 소금 ················ 1t
- 간장 ················ 1/2t

만드는 법

1 **동태**는 머리를 자른 후 지느러미, 비늘을 제거하고 내장을 뺀 다음 3장 뜨기하여 껍질을 벗겨 포를 떠서 소금, 생강즙, 흰후추로 밑간한다.
겨자는 따뜻한 물과 동량으로 개어 발효시켜 매운맛이 나면 겨자장을 만든다.

2 **표고버섯**은 불려서 기둥을 제거하고 가늘게 채 썰어 양념한다.
오이는 돌려 깎아 5cm 길이로 채 썰어 소금에 절인 후 볶는다.
당근 5cm 길이로 채 썰어 볶다가 소금으로 간한다.
달걀은 황·백지단을 부쳐 5cm 길이로 채 썬다.

3 **손질한 재료**는 한데 모아 준비해 둔다.

4 김발에 젖은 면보를 깔고 밑간한 **생선살**을 촘촘히 놓은 다음 녹말가루를 빈틈없이 골고루 묻힌다.
그 위에 **고명**을 가지런히 올린 후 3cm 크기로 둥글게 말아준다.

5 둥글게 말아 놓은 **어선**은 김이 오른 찜통에 약불에 10분 정도 찐다.

6 쪄낸 어선은 식힌 후 2cm 길이로 잘라 접시에 담아내고 **겨자장**과 함께 제출한다.

Point

1. 어선은 파, 마늘이 재료에 없으므로 표고버섯 양념에 파, 마늘을 사용하지 않는다. (실격)
2. 어선은 갈라지지 않도록 약한불에서 익힌다.
3. 요구사항에 초간장이 나올 수도 있다.

오징어순대

오징어가 많이 잡히는 강원도 강릉의 토속음식으로
오징어에는 타우린 함량이 많아 심장병, 고혈압, 당뇨병, 동맥경화를 예방한다.

┃요구사항

1. 당근, 풋고추, 홍고추, 당근은 다져서 사용하시오.
2. 오징어순대는 전량을 제출하시오.

1. 재료 확인 ➡ 2. 재료 분리 ➡ 3. 재료 씻기

재료

- 오징어 ············· 1마리
- 소고기 ············· 70g
- 두부 ················ 40g
- 당근 ················ 40g
- 풋고추 ·············· 1개
- 홍고추 ·············· 1개
- 표고버섯 ············ 1장
- 꼬치 ················ 3개
- 밀가루 ············· 약간

소 양념
- 소금 ················ 1/3t
- 달걀흰자 ············ 1T
- 다진 파 ············· 1t
- 다진 마늘 ··········· 1/2t
- 깨소금, 후추, 참기름

만드는 법

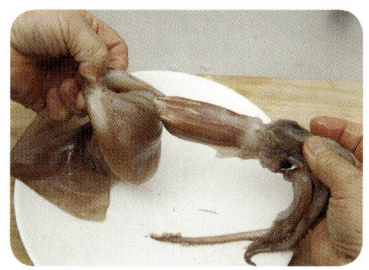

1 **오징어**는 배를 가르지 않고 내장을 빼낸 다음 몸통과 다리를 분리해 껍질을 벗기고 다리는 살짝 데쳐 곱게 다진다.
파, 마늘은 곱게 다진다.
핏물을 제거한 소고기는 곱게 다진다.
표고버섯은 불려서 기둥을 제거하고 곱게 다진다.

2 **당근, 풋고추, 홍고추**는 잘게 다진다.
두부는 칼등으로 곱게 으깨서 물기를 제거한다.
손질한 재료를 한데 모아 둔다.

3 볼에 곱게 다진 **오징어 다리**와 **손질한 재료**를 담고 **달걀 흰자**를 넣어 농도를 조절하며 잘 섞어 소를 만든다.

4 **오징어 몸통** 속에 밀가루를 뿌려 여분의 밀가루는 털어내고 소를 눌러가며 채운다.

5 **소를 채운 오징어**는 꼬치로 입구를 막아 찜통에 찌다가 몸통 전체에 꼬치로 바늘침을 주어 터지지 않게 쪄낸다.

6 **오징어 순대**가 식으면 1cm 굵기로 썰어서 접시에 담아낸다.

Point

1. 오징어 순대는 소를 70~80% 정도만 넣어 익히는 것이 좋다.
2. 몸통 전체에 바늘침을 골고루 주고 쪄내야 소가 익으면서 발생되는 수분이 빠져나와 꺼내서 식혔을 때 더 단단하고 내용물이 분리되지 않는다.

죽순찜

죽순을 쌀뜨물에 잘 익혀 반으로 가르고 칼집을 넣고 다진 닭고기를 양념하여 칼집을 넣은 곳에 채워서 잘 익혀 지단을 고명으로 얹는 음식이다. 《시의전서》, 《시의방》, 《이조궁정요리통고》 등에 기록되어 있다.

¡ 요구사항

1. 죽순은 세 번 칼집을 넣고 소고기와 표고를 양념해서 넣으시오.
2. 황·백지단, 석이버섯, 실고추를 고명으로 올리시오.

1. 재료 확인 → 2. 재료 분리 → 3. 재료 씻기

재료

- 죽순 ············· 100~200g
- 소고기 ················ 30g
- 표고버섯 ············· 1장
- 달걀 ··················· 1개
- 석이버섯 ············· 1장
- 실고추 ··················· 1g
- 국간장, 소금,
- 참기름, 식용유

소고기, 표고 양념
- 간장 ··················· 1T
- 설탕 ················· 1/2t
- 다진 파 ············· 1t
- 다진 마늘 ········· 1/2t
- 깨소금, 후추, 참기름

만드는 법

1. **죽순**은 석회를 제거한 다음 칼집을 세 번 넣어준다.
파, 마늘은 곱게 다진다.

2. 칼집을 넣은 **죽순**은 끓는 물에 데친다.
핏물을 제거한 소고기는 가늘게 채 썰어 놓고 **표고버섯**은 기둥을 제거하고 포를 떠서 얇게 채 썬다.

3. **달걀**은 황·백지단을 부쳐 2×0.2cm 길이로 채 썬다.
석이버섯은 이끼를 제거하여 채 썰어 소금, 참기름을 넣고 살짝 볶는다.
실고추는 2cm 길이로 썰어 놓는다.
손질한 재료는 한데 모아 준비해 둔다.

4. 채 썬 **소고기와 표고버섯**은 볼에 넣어 양념한다.

5. 데친 **죽순** 칼집 사이에 소고기와 표고버섯을 끼워 넣는다.

6. 냄비에 물을 넣고 **소를 채워 넣은 죽순**을 넣어 고기가 익을 때까지 물을 끼얹어가며 찜을 한다.
완성 그릇에 **죽순찜을 담고 황·백지단, 실고추, 석이버섯**을 고명으로 올려 제출한다.

Point

1. 죽순은 석회를 반드시 깨끗이 제거하고 등쪽에 칼집을 3번 넣어 소를 넣는다.

두부전골

두부에 소고기와 채소를 넣고 육수에 끓인 충북 제천의 향토음식으로, 주재료인 두부의 단백질은 라이신이 풍부하며 필수아미노산을 골고루 포함하고 있어 영양 면에서 효율적인 식품이다.

요구사항

1. 두부는 한쪽 면만 녹말가루를 묻혀 지져내고 다진 소고기를 넣어 데친 미나리로 7개를 묶으시오.
2. 황·백지단, 채소는 5×1.5×0.5cm 크기로 써시오.

1. 재료 확인 → 2. 재료 분리 → 3. 재료 씻기

재료

- 두부 250g
- 당근 1/4개
- 무 100g
- 양파 50g
- 죽순 60g
- 소고기(우둔) 50g
- 표고버섯 2장
- 미나리 5줄기
- 달걀 2개
- 녹말가루 30g
- 밀가루 30g
- 꼬치 2개
- 식용유

육수

- 소고기(사태) 50g
- 국간장, 소금

향미채소

- 대파, 마늘, 생강
- 소고기 · 표고 양념
- 간장 1T
- 설탕 1/2t
- 다진 파 1t
- 다진 마늘 1/2t
- 깨소금, 후추, 참기름

만드는 법

1 찬물에 **무, 당근**을 먼저 넣고 설익게 익힌 후 꺼낸 다음 5×1.5×0.5cm 크기로 썰어 놓고 그 물에 **소고기 사태와 향미채소**를 넣어 끓인 다음 체에 면포를 놓고 받쳐 국간장과 소금으로 간하여 육수를 만들고 **편육**은 5×1.5×0.5cm 크기로 썬다. **표고**는 불려서 기둥을 제거하고 5×1.5cm 크기로 썬다.

2 **두부**는 3×2.5×0.5cm 크기로 썰어 소금으로 밑간한 다음 한쪽만 녹말가루를 묻혀 묻힌 쪽 먼저 지져 낸다. **양파, 죽순**은 5×1.5cm 크기로 썬다. **달걀**은 황·백 지단을 도톰하게 부쳐 5×1.5cm 크기로 썬다. **미나리** 반은 데쳐서 끈으로 쓰고 나머지 반은 미나리 초대를 부쳐 5×1.5cm 크기로 썬다.

3 **소고기 우둔 1/2**은 곱게 다져서 으깬 두부와 양념 한 후 직경 1.5cm 크기의 완자를 만들어 밀가루, 달걀 순으로 묻혀 팬에 굴려가며 익힌다.
소고기 우둔 1/2은 곱게 다져 수 양념한다.

4 접시에 녹말을 묻혀 지져놓은 쪽을 위로 하여 두고 양념해 둔 **소고기**를 채워놓은 후 다시 두부를 덮어준다.
(이때 소고기 다진 것만 놓는다.)

5 **소고기**를 채운 두부는 데친 미나리를 십자로 돌려 감아 묶는다.

6 전골냄비 바닥에 **무, 당근, 편육**을 깔고 그 위에 재료를 돌려 담고 가운데 두부 7개를 보기 좋게 놓은 후 중심에 완자를 모아 올리고 끓은 **육수**를 부어서 한번 더 끓여 낸다.

Point

1. 완자는 소고기와 두부를 섞어 사용한다.
2. 두부 사이에 채워넣는 소는 소고기만 사용한다.
3. 숙주가 나올 경우 거두절미하여 데친 후 소금, 참기름으로 양념하여 바닥에 깐다.
4. 쪽파가 나올 경우 소금, 참기름으로 양념하여 돌려 담는다.
5. 죽순은 거꾸로 놓아야 끝이 꽉차서 예쁘다.

골동면

비빔국수라고도 하며 삶은 국수에 소고기와 계란지단, 오이, 미나리 등의 채소를 넣고 비빔 양념을 넣어 고루 비벼 먹는 음식이다. 골동(骨董)은 여러 가지 재료가 섞인 것을 말한다.

요구사항

1. 오이, 홍고추, 표고버섯은 0.3×4cm 크기로 썰고 소고기는 다져서 사용하시오.
2. 황·백지단, 홍고추채는 고명으로 올리시오.

1. 재료 확인 → 2. 재료 분리 → 3. 재료 씻기

재료

- 소면 ············ 100g
- 소고기 ··········· 50g
- 표고버섯 ·········· 2장
- 오이 ············ 1/3개
- 달걀 ············· 1개
- 홍고추 ············ 1개

소고기 · 표고 양념
- 간장 ············· 1T
- 설탕 ············ 1/2t
- 다진 파 ············ 1t
- 다진 마늘 ········ 1/2t
- 깨소금, 후추, 참기름

만드는 법

1 **오이**는 돌려 깎아 0.3×4cm로 채 썬 다음 소금에 절여 물기를 제거해 둔다. **홍고추**는 씨를 제거하고 얇게 채 썬다.

2 **표고버섯**은 채 썰어 양념하여 둔다. **소고기**는 곱게 다져 양념한다.

3 냄비에 물을 끓여 국수를 삶아 찬물에 여러 번 헹궈 건져 물기를 뺀 다음 **유장** 처리한다.

4 곱게 다져 양념한 소고기와 표고는 볶아서 준비한다. 채 썰어둔 **오이, 홍고추**는 팬에 볶는다. **달걀**은 황 · 백지단을 얇게 부쳐 놓는다.

5 **손질한 재료**는 한데 모아 준비해 둔다.

6 비빈 국수를 대접에 담고, **황 · 백지단**은 채를 썰어 **홍고추채(실고추)**와 고명으로 사용한다.

Point

1. 골동면은 소면이 너무 퍼지지 않게 삶아낸다.
2. 실고추가 나오면 홍고추 대신 사용한다.

온면

뜨겁게 끓인 육수에 국수를 말아서 만든 음식으로 국수장국이라고도 한다. 국수 가닥처럼 길게 장수하라는 축원을 담아 혼인이나 생일 때 여러 사람에게 대접하기도 한다.

▎요구사항

1. 소고기는 육수를 내고 삶은 고기는 0.2×0.2×5cm 크기로 썰어 고명으로 올리시오.
2. 장국을 붓고 편육채와 오색 고명을 얹어 내시오.

1. 재료 확인 → 2. 재료 분리 → 3. 재료 씻기

재료

- 소면 ········· 100g
- 달걀 ········· 1개
- 오이 ········· 1/4개
- 석이버섯 ········· 1장
- 실고추 ········· 약간

육수
- 소고기(사태) ········· 50g
- 국간장, 소금

향미채소
- 대파 ········· 30g
- 마늘 ········· 2개
- 생강 ········· 20g

만드는 법

1 찬물에 소고기와 향미 채소를 넣고 푹 끓인 다음 체에 면포를 놓고 받쳐 국간장과 소금으로 간하여 육수를 만들고 편육은 5×0.2×0.2cm 크기로 채 썬다.

2 **오이**는 돌려 깎기 하여 5×0.2×0.2cm 크기로 채 썰어 소금에 절인 후 물기를 제거하여 볶는다. 달걀은 황·백지단을 부쳐 5×0.2×0.2cm 크기로 채 썬다.

3 **석이버섯**은 불려서 문질러 씻은 다음 검은 막을 제거 후 채 썰어서 소금, 참기름으로 양념해 볶는다.
실고추는 2cm 길이로 자른다.

4 끓는 물에 **소면**을 넣고 끓어오르면 물을 부어가며 삶아서 찬물에 씻고 체에 받쳐 물기를 뺀 후 사리를 만든다.

5 **손질한 재료**는 한데 모아 준비해 둔다.

6 사리는 뜨거운 장국에 한 번 담갔다가 그릇에 담고 **편육채, 오이, 황·백지단, 석이버섯, 실고추**를 고명으로 얹어 뜨거운 장국을 부어 낸다.

Point

1. 국수는 사리를 만들어 그릇에 담고 고명을 얹은 다음 제출 직전에 육수를 부어내야 풀어지지 않고 예쁘게 담아낼 수 있다.

겸절병

밀가루와 메밀가루, 녹말가루로 반죽한 만두피에 고기와 야채 소를 넣고 반달모양으로 빚어서 기름에 지져 초간장과 함께 먹는 음식이다. 조선시대 중기의 《주방문(酒方文)》의 '겸절병법'에 만드는 방법이 기록되어 있다.

ⓘ 요구사항

1. 오이와 표고버섯은 채 썰고 소고기는 다져서 사용하시오.
2. 초간장을 곁들여 제출하시오.

1. 재료 확인 → 2. 재료 분리 → 3. 재료 씻기

재료

- 소고기 ············· 80g
- 표고버섯 ········· 2개
- 오이 ················· 1/3개
- 소금 ················· 1t
- 녹말 ················· 3T
- 밀가루 ············· 1/2C
- 메밀가루 ········· 1/2C

소고기 · 표고 양념
- 간장 ················· 1T
- 설탕 ················· 1/2t
- 다진 파 ············ 1t
- 다진 마늘 ········ 1/2t
- 깨소금, 후추, 참기름

만드는 법

1 냄비에 녹말과 물을 섞어 중불에서 저으면서 익힌 후 따뜻할 때 밀가루와 메밀가루, 소금물을 넣고 반죽하여 만두피 반죽을 만든다.

2 **오이**는 돌려 깎기하여 채 썰어 소금에 절인 후 물기를 제거하여 팬에서 볶는다.
핏물을 제거한 소고기는 다진 후 양념하여 볶는다.
표고버섯은 포를 떠서 채 썬 후 양념하여 볶는다.

3 **만두피 반죽**은 밀대로 두께 0.2cm로 밀어 직경 7cm로 둥글게 만든다.

4 볶은 소고기와 표고버섯, 오이를 섞어 양념하여 소를 만든다.

5 만두피에 소를 넣고 반으로 접어 **송편**처럼 만든다.

6 팬을 달구어 식용유를 두르고 겸절병을 올린 후 중불에서 앞뒷면을 지져준 다음 **초간장**을 만들어 함께 제출한다.

Point
1. 반죽을 할 때는 녹말물을 덩어리지지 않게 잘 익혀 메밀가루와 밀가루에 소금물을 넣고 반죽을 만든다.
2. 겸절병은 타지 않게 약한불에서 지진다.

굴림만두

굴림만두는 밀가루에 굴렸다고 하여 붙여진 이름으로, 보통 만두소처럼 소를 만들어 지름 2.5cm 정도의 완자로 만들어서 달걀물에 묻혀가며 밀가루에 굴려 껍질을 입혀 장국에 끓인 음식이다. 밀가루가 귀했던 평안도 산간지방의 지혜가 보이는 겨울철 향토음식이다.

i 요구사항

1. 완자를 만들어 달걀물과 밀가루를 입혀 사용하시오.
2. 초간장을 곁들여 제출하시오.

1. 재료 확인 → 2. 재료 분리 → 3. 재료 씻기

재료

- 소고기 …………… 60g
- 표고버섯 ………… 2개
- 두부 ……………… 50g
- 배춧잎 …………… 1장
- 숙주 ……………… 60g
- 미나리 …………… 5줄기
- 밀가루 …………… 1C
- 달걀 ……………… 1개

만두 양념

- 소금 ……………… 1/3t
- 다진 파 …………… 1t
- 다진 마늘 ………… 1/2t
- 깨소금, 후추, 참기름

만드는 법

1 **소고기**는 파, 마늘을 넣고 육수를 만들어 면보에 걸러준다.
배추, 숙주, 미나리는 끓는 물에 데쳐 물기를 제거 후 배추, 숙주는 0.5cm로 크기로 굵게 다지고 미나리는 반은 굵게 다지고 반은 3cm 정도로 썬다.
파, 마늘은 곱게 다진다.

2 **두부**는 으깬 후 면보로 물기를 제거한다. 핏물을 제거한 소고기와 표고는 다져 놓는다.
손질한 재료는 한데 모아 준비해 두고 **초간장**을 만들어 놓는다.

3 볼에 **다진 소고기, 표고버섯, 으깬 두부, 다진 배추, 미나리, 숙주**를 넣고 **달걀** 1/2과 양념을 하여 섞는다.

4 **만두**는 길이 3cm, 두께 2cm의 타원형으로 빚어 **달걀** 1/2을 묻히고 **밀가루**에 굴린다.

5 **밀가루**에 굴린 만두는 물에 담갔다가 건진다.

6 냄비에 육수를 끓여 간을 한 후 **굴림만두**를 넣고 익어서 떠오르면 약불로 줄인다. 남은 **달걀** 1/2로 줄알을 치고 3cm로 썰어둔 미나리를 넣어 살짝 더 끓인 후 그릇에 담아 초간장과 함께 제출한다.

Point

1. 육수에 줄알을 많이 치면 국물이 탁해지므로 유의한다.

규아상(미만두)

오이로 만든 소를 넣고 해삼 모양으로 싸서 찐 만두로 미만두라고도 한다.
여름철에 즐겨 먹는 음식으로, 찌거나 냉국에 띄워 먹는다.

요구사항

1. 규아상은 소고기는 다져서 볶고 오이, 표고버섯은 채 썰어 볶아 사용하시오.
2. 초간장을 곁들여 제출하시오.

1. 재료 확인 → 2. 재료 분리 → 3. 재료 씻기

재료

- 소고기 ·············· 60g
- 오이 ················ 1/2개
- 표고버섯 ············ 2장
- 잣 ··················· 1t
- 소금, 식용유

만두피
- 밀가루 ·············· 1C
- 소금

소고기 · 표고 양념
- 간장 ················· 1T
- 설탕 ················ 1/3t
- 다진 파 ·············· 1t
- 다진 마늘 ············ 1/2t
- 깨소금, 후추, 참기름

초간장
- 간장 ················· 1T
- 식초 ················· 1T
- 설탕 ················ 1/2T

만드는 법

1. **밀가루**는 소금물을 조금씩 넣어가며 반죽한 후 숙성시킨다.
   파, 마늘은 곱게 다진다.
   소고기는 곱게 다져서 양념을 하여 볶는다.
   표고버섯은 불려서 기둥을 제거하고 3cm 길이로 가늘게 채 썰어 양념하여 볶는다.

2. **오이**는 돌려 깎아 3cm 길이로 가늘게 채 썬 후 소금에 절여 물기를 제거하고 볶는다.
   잣은 고깔을 떼고 반으로 갈라 비늘잣을 만든다.

3. 볶아 놓은 소고기, 표고, 오이는 섞어 양념하여 소를 만들어 놓고 초간장을 만들어 둔다.
   만두피 비늘잣과 함께 재료를 한데 모아 둔다.

4. 반죽에 덧가루를 뿌려가며 직경 7cm 정도로 얇게 만두피를 밀고 그 위에 소를 조금씩 떠 얹고 **비늘잣**을 넣어 반으로 접는다.

5. 만두피를 눌러 **해삼모양**으로 주름을 잡아가며 빚는다.

6. 김이 오른 찜통에 젖은 면포를 깔고 6~7분 정도 쪄낸 후 그릇에 보기 좋게 담아 **초간장**과 함께 제출한다.

Point

1. 만두피를 얇게 밀어 그릇 위에 두고 소를 같은 양으로 나눠 올려두면 시간을 절약할 수 있다.

난만두

만두소 그릇에 담고 달걀을 풀어 그 위에 붓고 고명을 얹어 찐 음식으로, 주식보다는 술안주로 즐겨 먹는 음식이다.

▮ 요구사항

석이채, 실고추, 잣가루를 고명으로 사용하시오.

1. 재료 확인 → 2. 재료 분리 → 3. 재료 씻기

재료

- 소고기 ············· 100g
- 두부 ··············· 50g
- 숙주나물 ········· 50g
- 표고버섯 ········· 1개
- 달걀 ··············· 3개
- 미나리 ············· 3줄기
- 석이버섯 ········· 1장
- 실고추, 잣

소고기 · 표고 양념
- 간장 ··············· 1T
- 설탕 ··············· 1/3t
- 다진 파 ·········· 1t
- 다진 마늘 ······· 1/2t
- 깨소금, 후추, 참기름

만드는 법

1 **달걀** 1개는 황·백지단을 만들어 2cm 길이로 채 썰고 나머지 2개는 풀어 놓는다.
핏물을 제거한 소고기는 곱게 다져 양념하고 두부는 으깨어 물기를 제거한다.
파, 마늘은 곱게 다진다.
잣은 키진타올을 사용하여 기름을 제거하고 곱게 다진다.

2 **숙주와 미나리**는 손질하여 데쳐 찬물에 헹군 후 다진다.
표고버섯은 다지고 석이버섯은 곱게 채 썰어 볶는다.
실고추도 준비해 둔다.

3 **손질한 재료**는 한데 모아 준비해 둔다.

4 고명용 볶은 석이채, 실고추, 잣가루를 제외하고 볼에 **다진 소고기, 으깬 두부, 표고, 미나리, 숙주**를 넣고 양념한다.

5 용기에 참기름을 바르고 4의 양념한 재료를 담고 **달걀물**을 붓는다.

6 김이 오른 찜기에 넣어 **지단채**를 올려 쪄낸 후 식혀서 잘라 **석이버섯채, 실고추, 잣가루**를 고명으로 올린다.

Point

1. 난만두는 약불에 쪄낸다.

메밀만두

메밀가루로 익반죽한 만두피에 소를 넣고 빚어 삶거나 찐 음식으로,
서울과 제주도의 향토음식이다.

요구사항

1. 반달모양의 만두를 만드시오.
2. 고명으로 계핏가루와 후추를 올리시오.

1. 재료 확인 ➡ 2. 재료 분리 ➡ 3. 재료 씻기

재료

- 메밀가루 ············· 1C
- 녹말가루 ·········· 1/3C
- 닭고기 ············ 1/2마리
- 소고기 ················ 80g
- 표고버섯 ··············· 2개
- 두부 ···················· 50g
- 숙주 ·················· 100g
- 미나리 ·················· 30g
- 배추 ······················ 1잎
- 계핏가루

만두소 양념

- 소금 ················ 1/3t
- 다진 파 ·············· 1t
- 다진 마늘 ·········· 1/2t
- 깨소금, 후추, 참기름

만드는 법

1 **닭**은 손질해서 살을 발라내어 곱게 다지고 뼈는 향미 채소를 넣고 삶아 닭육수를 만들어 면포에 깨끗이 거른다. 핏물을 제거한 소고기는 곱게 다지고 두부는 으깨서 물기를 제거해 둔다.
표고버섯은 물에 불려 곱게 채 썬다.
파, 마늘은 곱게 다진다.

2 **숙주, 미나리, 배추**는 데쳐서 송송 썬 다음 물기를 제거하여 다진다. 재료를 한데 모아 양념한다.

3 **메밀가루**에 **녹말가루, 소금물**을 넣어 체에 친 다음 따뜻한 물로 익반죽하여 숙성시킨다.
손질한 재료는 한데 모아 준비해 둔다.

4 **숙성시킨 만두피**는 썰어둔다.

5 **메밀반죽**을 송편처럼 구멍을 파서 소를 넣어 빚는다.

6 끓는 닭육수에 간을 맞춘 다음 만두를 넣어 끓인 후 만두가 떠오르면 건져 그릇에 담고 **계핏가루와 후추가루**를 올려 낸다.

Point

1. 요구사항에 따라 국물을 곁들여 내기도 한다.
2. 메밀만두는 잘 안익으므로 만두피의 두께에 주의한다.
3. 요구사항에 따라 갯수는 조절한다.

병시

궁중에서 겨울에 만들어 먹던 만둣국이다. 만두를 빚은 모양이 넓적하게 접어져서 숟가락 모양과 같다하여 붙여진 이름이라는 설이 있다.

▎요구사항

1. 만두피는 8cm 크기의 둥근 모양으로 밀어 5개를 만드시오.
2. 황·백지단, 석이버섯, 실고추를 고명으로 올리시오.

1. 재료 확인 → 2. 재료 분리 → 3. 재료 씻기

재료

- 소고기 ············ 100g
- 배추김치 ············ 40g
- 두부 ············ 30g
- 숙주 ············ 40g
- 표고버섯 ············ 1장
- 달걀 ············ 1개
- 석이버섯 ············ 1장
- 실고추 ············ 약간
- 소금, 식용유

만두피
- 밀가루 ············ 1C
- 소금

육수
- 소고기(사태) ······· 30g
- 국간장, 다진 파, 다진 마늘

향채
- 대파 ············ 30g
- 마늘 ············ 2개
- 생강 ············ 20g

만두소 양념
- 소금 ············ 1/4t
- 다진 파 ············ 1t
- 다진 마늘 ········ 1/2t
- 깨소금, 후추, 참기름

만드는 법

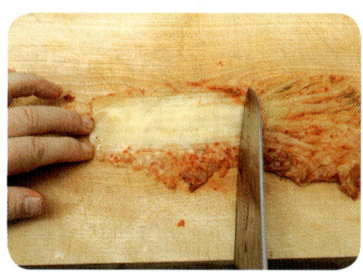

1. 찬물에 **소고기**와 **향미채소**를 넣고 푹 끓인 다음 체에 밭쳐 국간장과 소금으로 간하여 육수를 만든다.
밀가루는 소금을 넣고 체에 내린 후 반죽하여 숙성시킨다.
파, 마늘은 곱게 다진다.
배추김치는 소를 긁어 내고 송송 썬다.

2. **핏물을 제거한 소고기**는 곱게 다진다.
두부는 곱게 으깨어 물기를 제거한다.
표고는 기둥을 제거하고 곱게 다진다.
숙주는 거두절미하고 데쳐 물기를 제거한 후 곱게 다진다.
달걀은 황·백지단을 부치고 실고추는 고명으로 준비한다.
석이는 문질러 씻은 후 물기를 제거하고 채 썰어 볶는다.

3. **황·백지단, 실고추, 석이버섯**을 제외한 모든 재료를 볼에 넣고 양념하여 만두소를 만든다.

4. 숙성시킨 **만두피**는 직경 8cm 정도로 얇게 밀어 준비하고 만두소와 고명재료는 한데 모아 준비한다.

5. **만두피**에 소를 조금씩 넣고 반으로 접어 반달모양으로 빚는다.

6. 육수가 끓으면 만두를 넣어 익혀 그릇에 담고 황·백지단, 석이버섯, 실고추를 고명으로 얹어서 낸다.

Point

1. 지급된 소고기는 육수용과 만두소용으로 나눠 사용한다.
2. 만두피는 일정한 크기로 얇게 민다.
3. 만두는 육수에 넣어 익히면 크기가 커지므로 요구사항보다 약간 작게 만드는 것이 좋다.

삼색석류탕

석류탕은 만둣국의 일종으로, 늦가을 석류가 익어서 입을 벌린 모양을 본떠 빚은 궁중 음식이다. 만두피 반죽에 백련초·단호박·녹차 가루를 사용하여 다채롭고 예쁘다.

요구사항

1. 만두피는 지름 6cm로 하고 주머니 모양으로 만들어 각각 3개씩 9개를 제출하시오.
2. 달걀은 황백지단으로 부쳐서 마름모꼴형으로 띄워내시오.

1. 재료 확인 → 2. 재료 분리 → 3. 재료 씻기

▌재료

- 소고기(우둔) ······· 60g
- 닭가슴살 ··········· 50g
- 두부 ··············· 30g
- 무 ················· 30g
- 숙주 ··············· 30g
- 미나리 ············· 30g
- 표고버섯 ··········· 1장
- 잣 ················· 1t
- 달걀 ··············· 1개
- 국간장, 소금, 식용유

만두피
- 백련초가루, 쑥가루, 치자 …2개
- 밀가루 ··········· 1~1/2C
- 소금

육수
- 소고기(사태) ········ 30g
- 국간장, 소금

향채
- 대파 ··············· 30g
- 마늘 ··············· 2개

만두소 양념
- 소금
- 다진 파 ············· 1t
- 다진 마늘 ·········· 1/2t
- 깨소금, 후추, 참기름

▌만드는 법

1. 찬물에 **소고기 사태**는 **향미채소**를 넣고 푹 끓인 다음 체에 받쳐 국간장과 소금으로 간하여 육수를 만든다.
소고기 우둔, 닭고기, 표고버섯은 곱게 다진다.
두부는 곱게 으깨어 물기를 제거한다.
밀가루는 소금을 넣고 체에 내린 다음 **백련초가루, 치자, 녹차가루**를 물에 섞어 조금씩 넣어가며 반죽한 후 숙성시킨다.

2. **무**는 채 썰어 데친 후 물기를 제거한다.
미나리와 숙주는 소금물에 데쳐서 곱게 다져 물기를 제거한다.
달걀은 황·백 분리해 놓는다.
잣은 고깔을 떼어 놓는다
파, 마늘은 곱게 다진다.

3. **삼색 반죽**과 볼에 재료를 넣고 양념하여 만두소를 만들어 둔다.

4. **삼색 반죽**을 직경 6cm 정도로 얇게 원형으로 3개씩 밀어둔다.

5. **만두피**에 소를 조금씩 넣고 반으로 접은 후 양옆을 주름지게 접어 복주머니 모양으로 만들어 중간에 잣을 보이도록 꽂는다.

6. 육수가 끓으면 **만두**를 넣어 익혀 대접에 담는다.
황·백지단을 부쳐 **마름모꼴**로 썰어 지단을 올려 제출한다.

Point

1. 쑥가루나 단호박가루가 지급될 수 있다.
2. 만두피가 얇을수록 끝부분이 예쁘고 잘 익는다.

석류탕

석류탕은 만둣국의 일종으로, 늦가을 석류가 익어서 입을 벌린 모양을 본떠 빚은 궁중 음식이다.

i 요구사항

1. 만두피는 지름 6cm로 하고 주머니 모양으로 7개를 만드시오.
2. 달걀은 황·백지단으로 부쳐서 마름모형으로 띄워서 내시오.

1. 재료 확인 ➡ 2. 재료 분리 ➡ 3. 재료 씻기

재료

- 소고기(우둔) 60g
- 닭가슴살 50g
- 두부 30g
- 무 30g
- 숙주 30g
- 미나리 30g
- 표고버섯 1장
- 잣 1t
- 달걀 1개
- 국간장, 소금, 식용유

만두피
- 밀가루 1C
- 소금

육수
- 소고기(사태) 30g
- 국간장, 소금

향채
- 대파 30g
- 마늘 2개

만두소 양념
- 소금
- 다진 파 1t
- 다진 마늘 1/2t
- 깨소금, 후추, 참기름

만드는 법

1 찬물에 **소고기 사태**는 **향미채소**를 넣고 푹 끓인 다음 체에 받쳐 국간장과 소금으로 간하여 육수를 만든다.
소고기 우둔, 닭고기, 표고버섯은 곱게 다진다.
두부는 곱게 으깨어 물기를 제거한다.
밀가루는 소금과 물을 조금씩 넣어가며 반죽한 후 숙성시킨다.

2 **무**는 채 썰어 데친 후 물기를 제거한다.
미나리와 숙주는 소금물에 데쳐서 곱게 다져 물기를 제거한다.
달걀은 황·백 분리해 놓는다.
잣은 고깔을 떼어 놓는다.
파, 마늘은 곱게 다진다.

3 볼에 재료를 넣고 양념하여 **만두소**를 만들어 둔다.

4 **만두피**에 소를 일정하게 올려둔다.

5 반으로 접은 후 양옆을 주름지게 접어 **복주머니 모양**으로 만들어 중간에 잣을 보이도록 꽂는다.

6 육수가 끓으면 만두를 넣어 익혀 대접에 담는다.
황·백지단을 부쳐 마름모꼴로 썰어 지단을 올려 제출한다.

어만두

어만두는 민어나 숭어, 광어 같은 흰살생선의 살에 소를 넣고 빚은 만두이다. 주로 여름철 교자상이나 주안상에 올리기 좋다.

❗ 요구사항

1. 어만두는 5개 제출하시오.
2. 겨자장을 곁들여 제출하시오.

1. 재료 확인 → 2. 재료 분리 → 3. 재료 씻기

재료

- 흰살생선 ………… 300g
- 소고기 ………… 50g
- 오이 ………… 100g
- 숙주 ………… 50g
- 표고버섯 ………… 1장
- 목이버섯 ………… 1장
- 생강즙 ………… 1T
- 녹말가루 ………… 4T
- 소금, 후추, 식용유

소고기·표고·목이 양념
- 간장 ………… 1T
- 설탕 ………… 1/2T
- 다진 파 ………… 1t
- 다진 마늘 ………… 1/2t
- 깨소금, 후추, 참기름

겨자장
- 겨자가루 ………… 1T
- 따뜻한 물 ………… 1T
- 식초 ………… 2T
- 설탕 ………… 2T
- 소금 ………… 1t
- 간장 ………… 1/2t

만드는 법

1 흰살생선은 7×7×0.2cm 정도로 포를 떠서 소금, 백후추, 생강즙으로 밑간한다.
파, 마늘은 곱게 다진다.
핏물을 제거한 소고기는 곱게 다진 후 양념하여 볶는다.
표고버섯과 목이버섯은 가늘게 채 썰어 양념하여 볶는다.
겨자가루는 물에 개어 냄비뚜껑에 엎어 발효시킨다.

2 오이는 돌려 깎아 가늘게 채 썬 후 소금에 살짝 절여 물기를 제거하고 볶는다.
숙주는 거두절미한 후 데쳐서 송송 썬 후 물기를 제거한다.

3 볼에 팬에 볶아 놓은 재료를 담고 양념하여 소를 만든다.

4 생선살은 물기를 제거하여 녹말가루를 안쪽에 고루 묻힌 후 소를 일정하게 올린다.

5 생선살은 둥글게 말아준다.

6 김이 오른 찜통에 면포를 깔고 만두를 넣고 3~5분 정도 쪄낸 후 겨자장을 만들어 함께 제출한다.

Point

1. 대구가 지급될 수 있다.
2. 어만두는 생선살이 부서지지 않도록 주의한다.
3. 어만두는 만들 때 양 끝을 오므려주어야 소가 빠져나오지 않고 모양이 예쁘다.

준치만두

준치는 청어과에 속하는 바닷물고기로 '시어(鰣魚)' 또는 '진어(眞魚)'라고 한다.
준치만두는 이러한 준치가 제철인 오월단오의 절식이다.

ⓘ 요구사항

1. 준치만두는 지름이 3cm 정도로 둥글게 7개를 만드시오.
2. 초간장을 곁들여 내시오.

1. 재료 확인 → 2. 재료 분리 → 3. 재료 씻기

재료

- 준치 ············ 1마리
  (동태 길이로 1/2마리)
- 소고기 ············ 50g
- 녹말가루 ············ 4T
- 달걀흰자 ············ 1T
- 잣 ············ 1t
- 식용유

소고기 양념

- 간장 ············ 1T
- 설탕 ············ 1/2T

- 다진 파 ············ 1t
- 다진 마늘 ············ 1/2t
- 깨소금, 후추, 참기름

준치 소 양념

- 소금 ············ 1/2t
- 생강즙 ············ 1/3t
- 참기름 ············ 1/3t
- 후추

초간장

- 간장 ············ 1T
- 식초 ············ 1T
- 설탕 ············ 1/2T

만드는 법

1. **준치**는 비늘과 내장을 제거하여 김이 오른 찜통에 넣어 찐다.
파, 마늘은 곱게 다진다.

2. **쪄낸 준치**는 껍질을 벗기고 다진다.
핏물을 제거한 소고기는 곱게 다져 양념한 후 볶는다.
잣은 고깔을 떼어 놓고 달걀은 흰자만 준비한다.

3. **손질한 재료**는 한데 모아 준비해 둔다.

4. **준치 살과 소고기**에 전분과 달걀흰자를 넣고 고루 섞어 반죽한다.

5. 반죽에 **잣**을 2알 정도 넣어 3cm 크기의 원형으로 둥글게 빚어 **녹말가루**를 고루 묻힌다.

6. 김이 오른 찜통에 **준치만두**를 넣고 6~8분 정도 쪄낸다.
초간장을 만들어 함께 곁들인다.

Point

1. 곱게 다진 소고기는 약불에 볶다가 알알이 풀어지면 센불에 볶는다.

편수

편수(片水)는 물 위에 조각이 떠있는 모양이라고 하여 붙여진 이름으로 여름에 차게 해서 먹는 네모진 모양의 만두이다. 《규합총서》에서는 송도(개성)편수가 유명한데 변씨만두라고도 하며 주로 정월 명절날에 만들어 먹었다고 한다.

ℹ 요구사항

1. 편수는 5개 이상 만드시오.
2. 초간장을 곁들여 제출하시오.

1. 재료 확인 → 2. 재료 분리 → 3. 재료 씻기

재료

- 소고기 ·············· 50g
- 애호박 ·············· 100g
- 오이 ················· 60g
- 숙주 ················· 30g
- 표고버섯 ············ 2장
- 잣 ···················· 1t
- 달걀 ·················· 1개
- 미나리 ··············· 3줄
- 소금, 식용유

육수
- 소고기(양지머리) ··· 30g
- 국간장, 소금

향미 채소
- 대파 ················· 30g
- 마늘 ·················· 2개

소고기 · 표고 양념
- 간장 ···················· 1T
- 설탕 ··················· 1/2T

- 다진 파 ················ 1t
- 다진 마늘 ············ 1/2t
- 깨소금, 후추, 참기름

초간장
- 간장, 식초 ········ 각 1T
- 설탕 ·················· 1/2T

만두피
- 밀가루 ·················· 1C
- 소금

만드는 법

1. 찬물에 **소고기**와 **향미 채소**를 넣고 푹 끓인 다음 체에 면포를 놓고 받쳐 국간장과 소금으로 간하여 육수를 만든다.
애호박, 오이는 돌려 깎아 가늘게 채 썬 후 소금에 절여 물기를 제거하고 볶는다.
파, 마늘은 곱게 다진다.
소고기는 곱게 다져 양념한 후 볶는다.

2. **밀가루**는 소금물로 반죽하여 숙성시킨다.
숙주는 데쳐서 송송 썬 후 물기를 제거한다.
표고는 불려서 기둥을 제거하고 가늘게 채 썰어 양념하여 볶는다.
달걀은 황 · 백지단을 부쳐 마름모꼴로 썰고 미나리는 미나리 초대를 만들어 마름모꼴로 썰어 고명으로 사용한다.
잣은 고깔을 떼어 놓고 초간장을 만들어 둔다.

3. 볼에 **황 · 백지단, 미나리초대, 잣**을 제외한 손질한 재료를 담고 잘 섞어 소를 만든다.

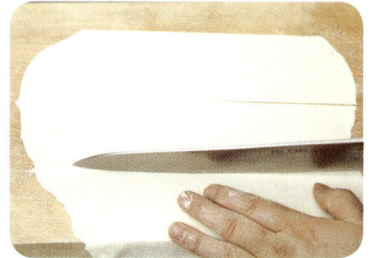

4. 반죽에 덧가루를 뿌려가며 얇게 밀어 8×8cm 크기의 정사각형으로 잘라 **만두피**를 만든다.

5. 만두피를 만들고 소를 일정하게 얹은 후 **잣**을 한 알 넣어 네 귀를 모아 맞닿은 가장자리를 붙여 네모지게 빚는다.

6. 김이 오른 찜통에 젖은 **면포를 깔고 7~8분** 정도 쪄낸다.
찬 육수에 편수를 띄우고 **지단과 미나리초대**를 고명으로 얹어 낸 후 **초간장**을 곁들여 제출한다.

Point

1. 편수는 요구사항에 따라 삶아서 내기도 한다.
2. 초간장은 요구사항에 따라 잣가루를 곁들이기도 한다.

감자정과

정과는 꿀이나 당류에 졸이는 것으로 알려져 있으며 《규합총서》에 꿀에 졸이는 방법과 꿀에 재워 오래 두었다가 쓰는 방법이 나와있다. 정과를 조릴 때는 대부분 꿀을 사용하였으나 《음식법》에 처음 설탕에 졸인 감자정과가 소개되었다.

i 요구사항

감자정과는 전량 제출하시오.

재료

- 감자 ············· 200g
- 설탕 ············· 1C
- 물엿 ············· 3T
- 소금

만드는 법

1. **감자**는 껍질을 벗겨 0.3cm 두께로 일정하게 썬다.

2. 썰어둔 감자는 찬물에 담가 **전분**을 뺀다.

3. **전분을 뺀 감자**는 끓는 물에 살짝 데친다.

4. 냄비에 물과 설탕을 넣어 끓이다가 끓기 시작하면 **감자**를 넣어 약불에서 졸인다. 감자가 투명해지면 **물엿**을 넣는다.

5. 졸여진 **감자**는 체에 밭쳐 남은 시럽을 빼고 그릇에 담는다.

Point

1. 감자는 찬물에 담가 전분기를 확실히 빼준다.
2. 감자는 으깨지지 않도록 살짝만 데쳐낸다.

강란

강란은 '생란(生卵)', '강생란(薑生卵)' 등으로도 불리며 궁중의 상에 오르던 음식이다. 민가에서는 혼인, 회갑, 회혼례 등 큰 경사의 잔칫상에 올리던 음식이다.

i 요구사항

강란은 쇠뿔모양으로 빚어 잣가루를 묻혀서 내시오.

1. 재료 확인 → 2. 재료 분리 → 3. 재료 씻기

재료

- 생강 ·················· 200g
- 설탕 ·················· 2T
- 꿀   ·················· 1T
- 잣   ·················· 3T

만드는 법

1 **생강**은 껍질을 벗겨 강판에 갈아 생강즙과 생강 건더기를 따로 분류해 놓는다.

2 **잣**은 고깔을 제거하여 키친타올 사이에 넣은 후 밀대로 밀고 칼로 곱게 다져 잣가루를 만든다.

3 냄비에 물 1T, 설탕 2T을 넣고 끓으면 생강 건더기를 넣고 졸이다가 **생강 녹말과 꿀 1T**를 넣는다.

4 **생강** 건더기가 끈기 있게 뭉치고 투명해질 때까지 타지 않게 볶아준다.

5 **볶아낸 생강**은 동일한 양으로 나눈 후 쇠뿔 모양으로 빚어 **잣가루**를 묻혀 낸다.

Point

1. 생강의 건더기와 생강 녹말, 생강즙을 잘 조절하여 투명하게 익힌다.

개성주악

개성주악은 찹쌀가루와 멥쌀가루로 반죽을 빚어 기름에 지져낸 떡으로 주로 개성지방에서 많이 해 먹는다고 하여 이름 붙여졌다.

ᵢ 요구사항

1. 개성주악은 1×3cm 크기로 5개 제출하시오.
2. 시럽에 담근 다음 대추모양을 올려 제출하시오.

1. 재료 확인 → 2. 재료 분리 → 3. 재료 씻기

- 찹쌀가루 ········· 1/3C
- 멥쌀가루 ········· 1/4C
- 소금 ············· 약간
- 설탕 ············· 1t
- 막걸리 ··········· 2t
- 대추 ············· 1개

집청
- 설탕 ············· 1/2C
- 물 ··············· 1/2C

만드는 법

1 **찹쌀가루, 멥쌀가루,** 설탕과 소금을 넣고 섞은 다음 체에 내린다.

2 **막걸리**는 중탕을 한 다음 1을 반죽한 후 집청을 만든다.

3 **대추**는 모양을 만든다.

4 **손질한 재료**를 한데 모아 둔다.

5 반죽을 튀긴 다음 **시럽**에 담근다.

6 시럽에 담근 개성주악을 건진 다음 **대추 모양**을 올린다.

Point

1. 요구사항에 따라 대추꽃 모양을 만들어 제출한다.

계강과

계강과는 계피와 생강을 넣었다고 해서 붙여진 이름으로 찹쌀가루와 메밀가루를 반죽하여 생강 모양으로 빚어 찐 다음 기름에 지져 잣가루로 묻힌 유밀과이다.

▎요구사항

계강과는 쇠뿔모양으로 빚어 찐 다음 지져서 잣가루를 묻혀 제출하시오.

1. 재료 확인 ➡ 2. 재료 분리 ➡ 3. 재료 씻기

재료

- 메밀가루 ············ 1/2C
- 찹쌀가루 ············ 1/2C
- 생강 ················ 1/3개
- 계핏가루 ············ 1/2t
- 설탕 ················ 1T
- 소금
- 잣 ·················· 3T
- 꿀 ·················· 2T
- 식용유

만드는 법

1. 볼에 **메밀가루와 찹쌀가루**를 체에 내린다.
생강은 껍질을 벗겨 강판에 갈아 생강즙과 생강 건더기를 따로 분류해 놓는다.
잣은 고깔을 제거하여 키친타올 사이에 넣은 후 밀대로 밀고 칼로 곱게 다져 잣가루를 만든다.

2. **손질한 재료**는 한데 모아 준비해 둔다.

3. 볼에 잣가루를 제외한 **모든 재료**를 넣고 설탕, 소금을 넣어 익반죽한다.

4. 끈기 있게 반죽하여 **쇠뿔모양**으로 빚어 낸다.

5. 김이 오른 찜통에 10분 정도 찐 다음 팬에 **식용유**를 두르고 앞뒤로 지져낸다.

6. 지져낸 **계강과**는 꿀을 바르고 **잣가루**를 묻혀 낸다.

Point

1. 계강과가 딱딱하지 않게 반죽의 농도가 너무 되지 않도록 유의한다.

삼색과편

신맛이 나는 과즙(오미자, 살구, 딸기 등)에 설탕을 넣고 조리다가 녹말을 넣어 엉기게 하여 그릇에 쏟아 식혀서 먹기좋게 썰어 내는 후식이다.

▌요구사항

과편은 2×4×0.7cm 크기로 3개씩 9개를 제출하시오.

1. 재료 확인 → 2. 재료 분리 → 3. 재료 씻기

재료

딸기 과편
- 딸기 ······ 200g
- 설탕 ······ 1/2C
- 녹말 ······ 1/2C
- 소금

오렌지 과편
- 오렌지 ······ 200g
- 설탕 ······ 1/2C
- 녹말 ······ 1/2C
- 소금

포도 과편
- 포도 ······ 200g
- 설탕 ······ 1/2C
- 녹말 ······ 1/2C
- 소금

만드는 법

1 **오렌지**는 살만 발라 물 2½C을 부어 끓인 다음 고운체에 내린다.
포도는 알알이 떼어 씻은 다음 물 2½C을 부어 끓인 후 고운체에 내린다.
딸기도 깨끗이 씻은 다음 물 2½C을 부어 끓인 후 고운체에 내린다.

2 냄비에 **딸기즙, 포도즙, 오렌지즙**을 각각 붓는다.

3 각각의 즙에 녹말가루와 설탕을 넣으면서 **과즙이 투명**해지고 주걱에서 뚝뚝 떨어지는 농도가 될 때까지 끓여준다.

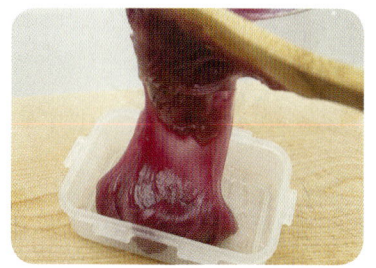

4 과즙이 끈기 있게 뭉치면 그릇에 물을 붓고 **각각의 과즙을 1cm** 두께로 담는다.

5 **과편의 표면**은 평평하게 모양을 잡아 굳혀준다.

6 **굳은 과편**은 4×2×1cm 크기로 썰어 접시에 담아낸다.

Point

1. 오렌지, 포도, 딸기를 체에 내릴 때 누르지 않고 그대로 두어 과즙을 내린다. (그래야 과즙이 맑다.)
2. 과편은 찬물에 중탕하여 식히면 빨리 굳는다.
3. 녹말가루는 투명해질 때까지 익혀주는 것이 중요하다.

당근정과

정과(正果)는 생과일이나 식물의 뿌리 또는 열매에 꿀을 넣고 조린 것으로 전과(煎果)라고도 한다. 당근정과는 당근을 꽃 모양으로 썰거나 돌려 깎기를 해서 물에 데친 후 설탕물에 조린 것으로 장식용 쓰인다.

요구사항

당근정과는 투명하게 졸여서 전량 제출하시오.

1. 재료 확인 ➡ 2. 재료 분리 ➡ 3. 재료 씻기

재료

- 당근·············· 200g
- 설탕·············· 100g
- 꿀 ··············· 1T
- 소금

만드는 법

1. **당근**은 깨끗이 손질하여 5×1×0.5cm 길이의 골패모양으로 썬다.

2. 썰어 놓은 **당근**은 끓는 소금물에 데친다.

3. 냄비에 데친 **당근**은 찬물에 한번 헹궈 준다.

4. 냄비에 물 1C, 설탕 1/2C을 넣고 끓이다가 당근을 넣고 투명해질 때까지 졸이다가 **꿀**을 넣는다.

5. 졸여진 **당근**은 체에 밭쳐 남은 시럽을 걸러준다.

Point

1. 당근은 뭉게지지 않도록 살짝만 데쳐낸다.
2. 꿀 대신 물엿이 지급될 수 있다.

대추초

대추의 씨를 발라 꿀물에 조려 계핏가루를 섞고 잣을 박아 대추모양으로 만든 것으로 숙실과에 속하는 한과이다. 대추는 원기 회복과 노화방지에 좋다.

i 요구사항

대추초는 전량 제출하시오.

1. 재료 확인 → 2. 재료 분리 → 3. 재료 씻기

재료

- 대추 ············ 7~10개
- 꿀 ·················· 1T
- 잣 ·················· 1T
- 설탕 ··············· 3T

만드는 법

1 **대추**는 씻어서 돌려 깎기하여 씨를 발라 낸다.

2 씨를 발라낸 **대추**는 찜통에서 쪄낸다.

3 **대추** 안쪽에 꿀을 바르고 고깔을 뗀 잣을 채워 원래의 모양으로 만든다.

4 냄비에 물 4T, 설탕 3T를 넣고 끓으면 대추를 넣어 약한불에서 졸이다가 **꿀**을 넣는다.
이때 **잣**이 빠지더라도 버리지 말고 따로 놔둔다.

5 **졸인 대추**는 체에 밭쳐 남은 시럽을 걸러준 다음 잣을 박은 쪽이 위로 가도록 그릇에 담아낸다.

Point

1. 계핏가루가 지급되면 시럽에 넣는다.
2. 요구사항에 따라 갯수를 제출한다.

도라지정과

데친 도라지를 설탕물에 조리다가 꿀을 넣어 투명하고 윤나게 조려서 만든 한과이다.
도라지는 면역력 증강과 기관지에 좋아 감기 예방에 좋다.

요구사항

도라지 정과는 투명하게 졸여서 전량을 제출하시오.

1. 재료 확인 → 2. 재료 분리 → 3. 재료 씻기

재료

- 통도라지 ············ 3뿌리
- 소금
- 설탕 ················ 50g
- 꿀 ················· 1T

만드는 법

1 **통도라지**는 껍질을 벗기고 5×1×0.5cm 크기의 골패모양으로 썬다.

2 끓는 물에 소금을 넣고 **도라지**를 30초간 데쳐 찬물에 헹군다.

3 냄비에 물 1C, 설탕 1/2C을 넣고 끓이다가 **도라지**를 넣고 투명해질 때까지 졸이다가 꿀을 넣는다.

4 시럽이 반 정도 졸여지면 **체에 밭쳐 남은 시럽**을 걸러주고 접시에 보기 좋게 담아낸다.

Point

1. 도라지는 뭉게지지 않도록 살짝만 데쳐낸다.
2. 꿀 대신 물엿이 지급될 수 있다.

떡수단(오미자)

음력 유월 보름 유두절(流頭節)에 만들어 먹던 절식으로, 멥쌀가루로 만든 흰떡을 경단모양으로 만들어서 녹말가루를 입힌 다음 끓는 물에 삶아 건져서 꿀물에 띄워 먹는 음식이다.

❙ 요구사항

떡수단 떡은 1cm 크기로 15개 이상 만들어 제출하시오.

1. 재료 확인 ➡ 2. 재료 분리 ➡ 3. 재료 씻기

재료

- 멥쌀가루 ·············· 1C
- 녹말가루 ·············· 5T
- 오미자 ················ 1T

시럽

- 물 ···················· 4T
- 설탕 ·················· 4T

만드는 법

1 멥쌀가루 1C에 소금과 물 1T를 넣어 가루를 촉촉하게 만든 후 체에 내린 다음 김이 오른 찜통에 10분 정도 찐다.
물 4T, 설탕 4T를 끓여 시럽을 만들어 둔다.

2 미지근한 물에 **오미자**를 넣어 분홍빛으로 우러나면 면포에 거른 다음 시럽과 섞어준다.

3 절구에 **찐 멥쌀**을 넣고 끈기 있게 찧어 준 다음 도마에 놓고 손으로 한번 더 치댄다.
잣은 고깔을 떼어 놓는다.

4 **멥쌀 반죽**은 1cm 굵기로 길게 밀어 **가래떡**처럼 만들고 나무 젓가락으로 굴려가며 직경 **1cm** 크기로 둥글게 자른다.

5 **떡에 녹말**을 묻혀 끓는 물에 삶아 준다.

6 찬물에 담갔다 건져 물기를 빼고 이 과정을 2~3번 반복한다.
오미자 물에 떡을 넣고 잣을 띄운다.

Point

1. 시럽은 동량의 물과 설탕을 넣어 반으로 줄어들 때까지 끓인다.
2. 설탕 대신 꿀이 지급될 수 있다.
3. 오미자는 세트에 따라 지급되므로 오미자물만 우려서 시럽을 만들어 띄우면 된다.

만두과

약과 반죽에 대추, 꿀, 계핏가루를 이용하여 소를 만들어 넣고 튀긴 송편모양의 한과이다. 관혼상제 등의 고임상에 약과를 높이 쌓은 위에 웃기로 널리 쓰이는 유밀과의 한가지이다.

▌요구사항

1. 만두과 반죽은 지름 5cm 정도 크기로 만들어 소를 넣고 반으로 접어 만든다. 대추, 꿀, 유자청으로 소를 만들고 비늘잣을 고명으로 올리시오.
2. 생강즙을 넣은 시럽에 집청하시오.

1. 재료 확인 → 2. 재료 분리 → 3. 재료 씻기

재료

반죽
- 밀가루 ············· 1C
- 계핏가루 ············· 5g
- 청주 ············· 20ml
- 꿀 ············· 1~2T
- 후추
- 생강즙
- 참기름 ············· 1~2T

- 잣
- 소금
- 식용유 ············· 500ml

대추소
- 대추 ············· 2개
- 유자청 ············· 30g
- 꿀 ············· 1T
- 계핏가루

반죽 양념
- 생강즙 ············· 1T
- 청주 ············· 2T
- 꿀 ············· 3T

집청
- 물 ············· 1/2C
- 설탕 ············· 1/2C
- 생강즙 ············· 약간

만드는 법

1 **생강**은 강판에 갈아 생강즙을 만든다. **밀가루**에 소금, 후추, 계핏가루, 참기름 1T를 넣고 잘 섞어 체에 내린 다음 청주, 생강즙, 꿀을 넣고 반죽을 만든다.

2 **대추**는 씨를 빼고 다진 후 꿀, 유자청, 계핏가루를 넣고 섞어 소를 만든다. **잣**은 고깔을 떼고 비늘잣을 만든다. **설탕과 물**을 동량으로 넣고 생강즙을 약간 넣어 중불에서 조려 생강즙을 넣은 집청을 만든다.

3 반죽에 밤알 크기로 잘라 나눈 후 일정한 양의 소를 넣고 **송편 모양**으로 빚는다.

4 송편 모양으로 빚은 만두는 끝을 **밧줄 모양**으로 꼬아준다.

5 빚어놓은 **만두**는 130℃ 정도의 기름에 갈색이 나도록 튀겨준다.

6 튀겨 놓은 만두과는 생강즙을 넣은 집청에 담갔다 건져 **비늘잣**을 고명으로 올린다.

Point

1. 만두과는 끝을 밧줄모양으로 잘 비틀어 주어야 튀길 때 터지지 않는다.

모약과

모약과는 약과 반죽을 켜가 생기도록 밀대로 밀어 네모나게 썬 후 지져낸 것으로
개성 지방에서는 평소에 먹는 것은 작게 만들지만 잔치나 제사상에는
큼직하게 만들어 올렸다고 한다.

┃요구사항

1. 모약과는 3.5×4×1cm 크기로 5개 제출하시오.
2. 집청을 만들어 사용하고 비늘잣을 올리시오.

1. 재료 확인 → 2. 재료 분리 → 3. 재료 씻기

재료

- 밀가루 ·············· 1C
- 설탕 ················ 1/2C
- 참기름 ·············· 1T
- 백후추
- 소금
- 계핏가루
- 잣 ················· 1T

반죽 양념
- 생강즙 ·············· 1T
- 청주 ················ 2T
- 꿀 ·················· 3T

집청
- 물 ················· 1/2C
- 설탕 ··············· 1/2C
- 생강즙 ············· 약간

만드는 법

1. **생강**은 강판에 갈아 생강즙을 만든다. **밀가루**에 소금, 백후추, 설탕, 계핏가루를 넣고 체에 한번 내린 후 참기름 1T를 넣고 손으로 가볍게 비벼 체에 내린 다음 청주, 생강즙, 꿀을 넣고 반죽한다.

2. 반죽을 반으로 나누어 겹쳐 다시 한 덩어리가 되도록 밀기를 3~5회 반복하여 1cm 두께로 민다.
설탕과 물을 동량으로 넣고 생강즙을 약간 넣어 중불에서 조려 집청을 만든다.

3. 밀어 놓은 반죽은 3.5×4cm 크기로 자른다.

4. 잘라 놓은 반죽은 위아래를 꼬치로 찔러 구멍을 낸다. (구멍 모양 예시: ▦)

5. 130℃의 기름에 넣어 갈색이 나도록 서서히 타지 않게 튀긴다.

6. 튀겨 놓은 모약과는 집청에 담갔다 건져 **비늘잣**을 고명으로 올린다.

Point

1. 모약과가 타거나 터지지 않도록 기름의 온도의 유의한다.
2. 단면에 겹겹이 층이 날 수 있도록 반죽은 여러 번 겹쳐서 민다.
3. 세트 메뉴에 따라 고명은 잣가루로 변경될 수 있다.

밤초

밤을 끓는 물에 데쳐 꿀이나 설탕물에 조린 것으로 숙실과(熟實果)의 일종이다.
밤에 영양분이 풍부하여 환자나 어린 아이에게 좋은 간식이다.

i 요구사항

밤초는 5개 이상 제출한다.

1. 재료 확인 → 2. 재료 분리 → 3. 재료 씻기

재료

- 밤 ·················· 6개
- 소금
- 설탕 ·············· 1/2C
- 꿀 ·················· 1T

만드는 법

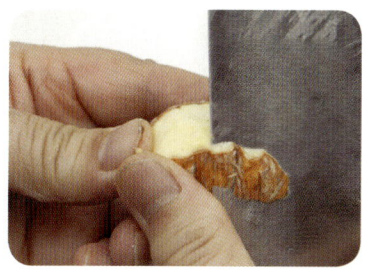

1 **밤**은 껍데기를 벗긴다.

2 **밤**은 각지게 모양을 잡아 **설탕물**에 담갔다 건진다.

3 **손질한 재료**는 한데 모아 준비해 둔다.

4 끓는 물에 소금을 넣고 **밤**을 삶아준다.

5 **삶은 밤**은 물 1C, 설탕 1/2C을 넣고 센 불에서 졸이다가 시럽이 졸아들면 꿀 1T를 넣고 마무리한다.
밤초는 체에 걸러 남은 시럽을 걸러준 다음 식용유를 바른 그릇에 놓고 식힌 후 제출한다.

Point

1. 밤은 약한 불에서 서서히 졸여야 색이 예쁘다.

삼색매작과

마치 매화나무에 참새가 앉은 모습과 같다하여 한자로 매화 매(梅), 참새 작(雀) 자를 써서 매작과라고 한다. 손님접대용의 다과상이나 어린이의 간식용으로 많이 쓰인다.

▌요구사항

1. 삼색매작과의 크기는 5cm×2cm×0.3cm 정도로 만드시오.
2. 삼색매작과는 중앙에 세 군데 칼집을 넣으시오.
3. 삼색매작과는 색깔별로 3개씩, 시럽을 사용하고 잣가루를 뿌려 제출하시오.

1. 재료 확인 ➡ 2. 재료 분리 ➡ 3. 재료 씻기

재료

- 밀가루 ············ 1½C
- 치자 ··············· 2개
- 녹차가루 ········ 1/3t
- 백년초가루 ···· 1/3t
- 생강 ··············· 1쪽
- 잣 ··················· 1T
- 소금

시럽
- 설탕 ··············· 1/2C
- 물 ··················· 1/2C

만드는 법

1 **생강**은 강판에 갈아 생강즙을 만든다.
치자는 반으로 쪼개서 물에 담가 치자물을 만들고 백년초가루, 녹차가루도 물에 개어 놓는다.
밀가루를 체에 내린 후 3등분하여 소금, 생강즙을 넣고 3색 반죽하여 숙성시킨다.

2 **잣**은 고깔을 떼고 키친타올 속에 넣어 밀대로 밀고 칼로 곱게 다져 잣가루를 만든다.
설탕과 물을 동량으로 넣고 중불에서 젓지 말고 조려서 시럽을 만든다.

3 반죽에 덧가루를 뿌려가며 0.3cm 두께로 밀어 **각각의 반죽을 5×2cm** 크기로 자른다.

4 자른 반죽을 반으로 살짝 접어 **내천(川)**자 모양으로 3번 칼집을 넣는다.

5 가운데 칼집 사이로 반죽을 넣어 뒤집어서 **매작과** 모양을 만든다.

6 기름 온도를 130~150℃로 맞춰 기포가 생기지 않도록 튀겨내 설탕 시럽에 담갔다 건진 후 그릇에 담고 **잣가루**를 올려 제출한다.

Point

1. 녹차가루 대신 쑥가루가 지급될 수 있다.
2. 너무 질어지지 않도록 반죽의 농도에 주의한다.

매작과

마치 매화나무에 참새가 앉은 모습과 같다하여 한자로 매화 매(梅), 참새 작(雀) 자를 써서 매작과라고 한다. 손님접대용의 다과상이나 어린이의 간식용으로 많이 쓰인다.

﹗요구사항

1. 매작과 크기가 균일하게 2×5×0.3cm 정도로 만드시오.
2. 매작과 모양은 중앙에 세 군데 칼집을 넣으시오.
3. 시럽을 사용하고 잣가루를 뿌려 9개 이상 제출하시오.

1. 재료 확인 → 2. 재료 분리 → 3. 재료 씻기

재료

- 밀가루 1/2C
- 소금 5g
- 설탕 50g
- 생강 10g
- 잣 5g
- 식용유 400ml

만드는 법

1 **생강**을 강판에 간 다음 밀가루 반죽한다. 동량의 **설탕과 물**을 넣고 시럽을 만든다. 잣은 다져 놓는다.

2 **손질한 재료**를 한데 모아 둔다.

3 **반죽** 중앙에 세 군데 칼집을 넣는다.

4 150℃ 기름에 튀긴 다음 시럽에 담근다.

5 **잣가루**를 올린다.

Point

1. 반죽은 얇게 밀어야 바삭하다.
2. 낮은 온도에서 기포가 올라오지 않게 모양을 잡아가며 튀긴다.

생강정과

생강을 얇게 썰어 설탕, 물엿, 꿀과 같은 당류에 윤기 나게 조린 한과이다.
생강정과를 설탕에 굴려 말린 것을 건강(乾薑) 또는 편강(片薑)이라고 한다.

i 요구사항

생강정과는 전량 제출하시오.

1. 재료 확인 → 2. 재료 분리 → 3. 재료 씻기

재료

- 생강 ·············· 150g
- 설탕 ·············· 1/2C
- 꿀 ·············· 1T
- 소금

만드는 법

1 생강은 껍질을 벗기고 깨끗이 씻어 두께 0.3cm 정도로 썬다.

2 끓는 물에 소금을 넣고 **생강**을 데친다.

3 **데친 생강**은 체에 밭쳐 물기를 제거한다.

4 냄비에 생강과 물, 설탕을 넣고 끓이다가 **생강이 투명해지면** 꿀을 넣고 살짝 더 졸인다.

5 졸여진 **생강정과**는 체에 밭쳐 남은 시럽을 거른 후 그릇에 담아 제출한다.

Point

1. 생강정과는 약한불에서 서서히 졸여야 투명하게 익는다.
2. 꿀 대신 물엿이 나올 수 있다.

서여향병

마를 썰어 쪄낸 다음 꿀에 담갔다가 찹쌀가루를 묻혀서 기름에 지져내어 잣가루를 입힌 떡으로 《규합총서》에 '서여향병'이란 이름과 그 제법이 처음 기록되어 있다.

ⅰ 요구사항

1. 마는 두께 0.5cm, 길이 6cm 정도의 타원형으로 썰고 쪄서 사용하시오.
2. 잣가루를 사용하고 대추와 쑥갓을 고명으로 하여 8개 제출하시오.

1. 재료 확인 → 2. 재료 분리 → 3. 재료 씻기

재료

- 마 ············ 200g
- 꿀 ············ 1/2C
- 찹쌀가루 ······· 1/2C
- 쑥갓 ············ 1대
- 건대추 ············ 1개
- 잣 ············ 2T
- 소금, 식용유

만드는 법

1 **마**는 껍질을 벗겨 0.5×6cm의 타원형이 되도록 비스듬히 8개 썰어 놓는다.

2 찜기에서 김이 오르면 마를 넣고 중불에서 5분 정도 찐다.
대추는 돌려 깎기하여 꽃을 만들고 잣은 곱게 잣가루를 만든다.

3 한 김 **식힌 마**는 꿀에 재워둔다.

4 꿀에 재운 마는 체에 내린 **찹쌀가루**를 앞뒤로 묻힌다.

5 **찹쌀가루**에 묻힌 마는 팬에 기름을 두르고 노릇하게 지진다.

6 지진 마는 잣가루를 묻힌 다음 **대추, 쑥갓**을 꿀에 한쪽 면만 묻혀 고명으로 올려 낸다.

Point

1. 마는 갈라지지 않도록 찔 때 유의한다.

섭산삼

충청북도의 향토 음식이며 섭산삼의 '섭'은 두들긴다는 뜻으로 더덕을 두들겨서 음식을 만들면 산삼만큼 좋다는 뜻으로 이름 붙여졌다.

i 요구사항

섭산삼은 전량을 꿀과 함께 제출하시오.

1. 재료 확인 → 2. 재료 분리 → 3. 재료 씻기

재료

- 더덕 ················ 100g
- 찹쌀가루 ·········· 1/2C
- 꿀 ···················· 1T
- 소금
- 식용유

만드는 법

1. **더덕**은 깨끗이 씻어 껍질을 벗긴 다음 반 갈라 5cm 길이로 썬다.

2. **손질한 더덕**은 소금물에 담가 쓴맛을 우려낸다.

3. **물기를 제거한 더덕**은 밀대로 지긋이 밀어 주거나 부서지지 않게 두드려준다.

4. **찹쌀가루**는 체에 내리고 두드려 놓은 더덕을 골고루 무친다.

5. 160℃의 기름에 바삭하게 튀긴 다음 **꿀**과 함께 제출한다.

Point

1. 더덕은 소금에 충분히 절여야 밀대로 밀 때 부서지지 않는다.

찰수수부꾸미

수수가루와 찹쌀가루를 익반죽하여 동글납작하게 빚어 여러 가지 소를 넣어 반달 모양으로 접어 기름에 지진 떡이다. 지지는 떡의 따뜻한 성질로 추운 겨울철 열량 섭취에 도움을 주는 음식이다.

요구사항

1. 찹쌀가루와 수수가루를 이용하여 부꾸미를 반죽하시오.
2. 밤은 삶아 양념하여 3×1.5cm 정도 크기로 부꾸미소를 만들어 사용하시오.
3. 부꾸미 반죽은 지름이 6cm가 되도록 빚어 반달 모양으로 5개 만드시오.
4. 대추, 쑥갓잎, 비늘잣으로 장식하여 시럽을 뿌려내시오.

1. 재료 확인 → 2. 재료 분리 → 3. 재료 씻기

재료

- 수수가루 ·············· 1C
- 찹쌀가루 ············ 1/2C
- 잣 ······················· 1T
- 쑥갓 ······················ 1대
- 대추 ······················ 1개
- 소금

밤소
- 밤 ························ 3개
- 소금 ···················· 약간
- 계핏가루 ·············· 약간
- 꿀 ························ 1t

집청
- 물 ······················ 1/2C
- 설탕 ··················· 1/2C

만드는 법

1 **수수가루와 찹쌀가루**는 체에 내린 다음 소금을 넣고 익반죽한다.
쑥갓은 물에 담갔다 건져 잎을 떼어둔다.

2 **밤**은 푹 삶아서 속껍질을 벗긴 후 방망이로 찧어 체에 걸러 꿀과 계핏가루를 넣고 3×1.5cm 정도의 크기로 빚어 놓는다.
설탕과 물을 넣어 집청을 만든다.
대추는 씨를 발라 돌돌 말아서 0.1cm 두께로 썬다.
쑥갓 잎은 작게 떼어 놓는다.

3 **손질한 재료**는 한데 모아 준비해 둔다.

4 숙성시켜 놓은 **반죽**은 일정하게 썰어 나눈다.

5 달군 팬에 반죽을 6cm 크기로 둥글게 부친 뒤 가운데 소를 넣어준다.

6 지진 부꾸미에 **대추, 쑥갓, 비늘잣**을 놓고 숟가락으로 눌러서 붙인 다음 접시에 5개를 담고 시럽을 뿌려 낸다.

Point
1. 수수부꾸미는 익반죽하여 반죽의 농도에 유의한다.
2. 생강이 나오면 즙을 내어 집청에 넣는다.

찹쌀부꾸미

찹쌀부꾸미는 찹쌀가루로 반죽하여 그 안에 밤소를 넣고 반으로 접어 반달모양으로 지져 만드는 음식이다.

요구사항

1. 찹쌀부꾸미는 5개 제출하시오.
2. 시럽을 뿌려 내시오.

1. 재료 확인 → 2. 재료 분리 → 3. 재료 씻기

재료

- 찹쌀가루 ············· 1C
- 소금
- 대추 ··············· 2개
- 쑥갓 ··············· 1대

소
- 밤 ··············· 5~7개
- 계핏가루
- 꿀

시럽
- 설탕 ············· 1/4C
- 물 ··············· 1/4C

만드는 법

1 **찹쌀가루**는 익반죽을 한다.
   설탕과 물은 동량으로 시럽을 만든다.

2 **밤**은 껍질을 벗겨 익힌 다음 꿀, 소금, 계핏가루를 넣고 밤소를 만든다.
   대추는 꽃모양으로 만든다.
   쑥갓도 손질해놓는다.

3 **손질한 재료**를 한데 모아 둔다.

4 익반죽한 **찹쌀 반죽**은 반달 모양으로 접어 소를 넣고 지진 다음 대추꽃과 쑥갓으로 장식한 다음 접시에 담는다.

5 4에 **시럽**을 뿌려 낸다.

약식

찹쌀에 대추, 밤, 잣 등을 섞어 찐 다음 기름과 꿀, 간장으로 버무려 만든 음식이다. 정월 대보름에 먹는 절식의 하나로 회갑이나 혼례 등 큰 잔치에서 많이 먹는다.

i 요구사항

약식소스를 만들어 버무리고 전량 제출하시오.

1. 재료 확인 ➔ 2. 재료 분리 ➔ 3. 재료 씻기

재료

- 찹쌀 ··············· 1C
- 밤 ············· 3~5개
- 대추 ············· 5개
- 잣 ··············· 1t
- 간장 ············ 2/3T
- 꿀, 소금, 참기름

약식 소스
- 설탕 ············· 4T
- 계핏가루 ········ 약간
- 녹말가루 ········· 1T
- 식용유 ············ 1T

만드는 법

1 **밤과 대추**는 1×1×1cm 크기로 썬다. 잣은 고깔을 떼어 준비한다.

2 **손질한 재료**는 한데 모아 준비해 둔다.

3 찜기에 김이 오르면 젖은 면보를 깔고 **찹쌀**을 30분 이상 푹 찐다.
냄비에 식용유를 1T를 두르고 설탕 4T를 넣어 갈색이 되도록 녹으면 녹말물을 넣고 잘 저어 **약식 소스**를 만든다.

4 찐 찹쌀이 뜨거울 때 **밤, 대추, 약식 소스, 간장** 1T를 넣고 밥이 얼룩지지 않도록 골고루 잘 버무린다.

5 버무려 놓은 **약식**은 찜기에 한번 더 쪄 낸다.
이때 **잣**과 참기름을 넣고 살짝 뜸을 들인다.

6 그릇 바닥에 약간의 **잣과 밤, 대추**를 보기 좋게 깔아 준 다음 그 위로 약식을 넣고 수저로 빈틈 없이 꾹꾹 눌러 식혀준다.

Point

1. 찹쌀은 설익지 않게 푹 쪄내야 소스와 잘 버무려져 약식의 색이 예쁘다.
2. 요구사항에 따라 썰어 놓을 수도 있으나 틀 모양 그대로 제출한다.

연근정과

연근에는 탄닌과 철분이 많이 때문에 지혈 작용과 소염 작용을 한다. 비타민 C가 풍부하여 피로회복과 감기, 기침, 천식에도 효과가 있다.

i 요구사항

연근정과는 전량 제출하시오.

1. 재료 확인 ➔ 2. 재료 분리 ➔ 3. 재료 씻기

재료

- 연근 ················ 150g
- 식초 ················ 1T
- 설탕 ················ 1/2C
- 꿀 ·················· 2T
- 소금

시럽

- 물 ················· 1/2C
- 설탕 ················ 1/2C

만드는 법

1. 껍질을 벗긴 **연근**은 0.5~0.7cm 두께로 썰어 식초물에 담가둔다.

2. 끓는 물에 식초와 소금을 넣고 **연근**을 삶은 후 체에 밭쳐 찬물에 헹군다.

3. **손질한 재료**는 한데 모아 준비해 둔다.

4. 냄비에 물 1C, 설탕 1/2C을 넣고 삶은 **연근**을 넣어 졸이다가 시럽이 거의 졸여지면 꿀 2T을 넣고 약한불에서 더 졸인다.

5. **졸여진 연근**은 체에 밭쳐 남은 시럽을 걸러주고 접시에 담아 제출한다.

Point

1. 정과는 약불에서 서서히 은근하게 졸여야 윤기가 잘 난다.

우메기

개성의 향토음식으로 찹쌀가루와 멥쌀가루를 섞어 반죽해 둥글납작하게 빚어 기름에 지져 집청꿀을 입힌 떡이다.

▍요구사항

우메기는 지름 5×2cm 크기로 만들고 집청에 담갔다가 5개 제출하시오.

1. 재료 확인 → 2. 재료 분리 → 3. 재료 씻기

재료

- 찹쌀가루 1C
- 멥쌀가루 1/3C
- 막걸리 1T
- 대추 1개
- 설탕 1T
- 소금, 식용유

집청
- 물 1/2C
- 설탕 1/2C

만드는 법

1 **멥쌀가루와 찹쌀가루**에 소금과 설탕을 넣어 체에 내린 다음 중탕한 막걸리로 반죽하여 숙성시킨다.

2 **대추**는 돌려 깎기 하여 장미꽃 모양으로 대추꽃을 만들어둔다.
설탕과 물을 동량으로 넣고 중불에서 젓지 않고 조려서 집청을 만든다.

3 **숙성된 반죽**은 5×1cm 크기로 둥글납작하게 빚어 가운데를 살짝 눌러준다.

4 110℃의 식용유에서 **우메기**를 넣고 튀기다가 떠 오르면 150℃로 온도를 올려 노릇하게 튀긴다.

5 튀겨낸 **우메기**는 집청에 담갔다 건진다.

6 **집청한 우메기**는 고명으로 대추꽃을 올려 그릇에 담아낸다.

Point

1. 기름에 튀기면 부피가 커지므로 요구사항의 규격보다 약간 작게 만들어 튀긴다.
2. 반죽은 오래 숙성되면 튀길 때 터지므로 숙성 시간에 유의한다.
3. 우메기는 개성주악과 비슷하지만 크기가 다르다.

율란

황해도 안악지방의 향토음식으로, 밤을 삶아 으깨어 설탕이나 꿀에 조려 다시 밤의 형태로 빚은 한과이다.

ⓘ 요구사항

율란은 잣가루를 묻힌 후 7개를 제출하시오.

1. 재료 확인 → 2. 재료 분리 → 3. 재료 씻기

재료

- 밤 .... 7~10개
- 계핏가루
- 꿀 1T
- 잣 1T

만드는 법

1 밤은 껍질을 제거하여 끓는물에 푹 삶는다.
잣은 고깔을 떼고 키친타올 속에 넣어 밀대로 밀고 다시 칼로 곱게 다져 잣가루를 만든다.

2 **삶은 밤**은 체에 내린다.

3 **체에 내린 밤**은 계핏가루를 넣고 꿀로 농도를 맞추면서 반죽을 만든다.

4 **밤 반죽**은 일정한 양으로 나눠 밤 모양으로 빚는다.

5 빚어 놓은 반죽은 **밑동**에 꿀을 약간 묻힌다.

6 꿀을 바른 반죽에 **잣가루**를 묻혀 담아 낸다.

Point

1. 반죽은 꿀로 농도를 조절한다.

잣구리

찹쌀가루를 익반죽하여 밤소를 넣고 누에고치 모양으로 빚은 것을 끓는 물에 삶아서 잣가루를 묻힌 고급스러운 떡이다.

❗ 요구사항

잣구리는 누에고치 모양으로 빚어서 8개 이상 제출하시오.

1. 재료 확인 → 2. 재료 분리 → 3. 재료 씻기

재료

- 찹쌀가루 ·············· 1C
- 소금
- 잣 ··················· 2T

깨소
- 깨 ··················· 2T
- 꿀 ··················· 1t
- 소금, 계핏가루

밤소
- 밤 ··················· 3개
- 꿀 ··················· 1t
- 소금, 계핏가루

만드는 법

1 **찹쌀가루**는 체에 내리고 소금을 넣어 익반죽하여 숙성시킨다.

2 절구통에 **깨**를 빻아서 꿀, 소금, 계핏가루를 넣고 섞어 소를 만든다.
밤은 껍질을 벗겨 삶아서 체에 내린 후 꿀, 소금, 계핏가루를 넣고 섞어 소를 만든다.
잣은 고깔을 떼고 키친타올 속에 넣어 밀대로 밀고 다시 칼로 곱게 다져 잣가루를 만든다.

3 **손질한 재료**는 한데 모아 준비해 둔다.

4 **반죽**은 일정한 크기로 나누어 소를 넣어 준다.

5 **소를 넣고** 동그랗게 만든 반죽은 중간을 나무젓가락으로 눌러서 살살 굴려가며 **조랭이 모양**으로 만든다.

6 끓는 물에 반죽을 넣고 떠오르면 건져서 물기를 제거하고 **잣가루**를 고루 묻혀 접시에 담아 제출한다.

Point

1. 반죽을 삶으면 부피가 더 커지므로 요구사항의 크기보다 살짝 작게 만든다.

잣박산

잣박산은 경기도 가평의 향토음식으로, 잣에 시럽을 넣고 버무려 굳힌 한과이다.
잣나무는 우리나라 특산물로 중국에서는 잣을 신라산이라 하여 '신라송이'라 부르기도 하였다.

▮ 요구사항

잣박산은 전량 제출하시오.

1. 재료 확인 → 2. 재료 분리 → 3. 재료 씻기

재료

- 잣 ·············· 1C
- 물엿 ············ 2T
- 설탕 ············ 1T
- 물 ·············· 1t

만드는 법

1 잣은 고깔을 떼고 준비한다.

2 손질한 재료는 한데 모아 준비해 둔다. 냄비에 꿀과 설탕, 물을 넣고 끓여 시럽을 만든다.

3 냄비에 잣과 시럽을 넣고 타지 않게 버무려준다.

4 그릇에 기름을 바르고 잣을 부은 뒤 수저로 빈틈없이 눌러 식혀준다.

5 잣박산이 굳으면 그릇에서 꺼내어 가로 2×3cm 크기로 썬다.

Point

1. 잣박산은 설탕을 많이 넣으면 딱딱해서 부서지기 쉬우므로 주의한다.

조란

조란은 대추를 쪄서 씨를 발라내고 설탕을 뿌려 곱게 다진 후 다시 살짝 쪄내어 꿀을 넣고 대추 모양으로 빚어 꼭지에 통잣을 반쯤 나오게 박아 잣가루를 묻힌 한과이다.

i 요구사항

조란은 잣을 박아 7개 제출하시오.

1. 재료 확인 → 2. 재료 분리 → 3. 재료 씻기

재료

- 대추 ················ 10개
- 꿀 ················ 1T
- 계핏가루
- 잣 ················ 10알

만드는 법

1 대추는 깨끗이 씻어 씨를 발라낸 후 쪄낸다.

2 쪄낸 대추는 곱게 다진다.

3 볼에 물 2T, 꿀 1T, 계핏가루 약간을 넣고 다진 대추를 넣어준 후 약불로 냄비에서 **조려준다.**

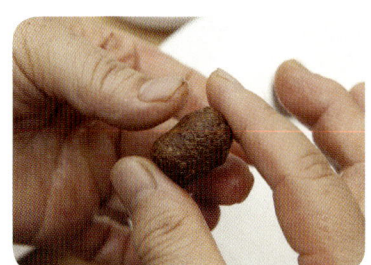

4 조린 반죽을 똑같은 양으로 7개 만든다.

5 한쪽 끝에 **잣을 박아** 잣이 위로 가도록 그릇에 담아 제출한다.

Point

1. 쪄낸 대추는 곱게 다져야 겉표면이 매끄럽고 예쁘다.

삼색주악

주악은 조약돌처럼 작고 앙증맞다 하여 붙여진 이름으로 궁중에서는 조악, 민가와 반가에서는 주악이라고 불렸다. 주로 잔칫상이나 차례상에 편을 고일 때 웃기떡으로 썼다.

i 요구사항

3가지 색의 주악을 만들어 집청하여 제출하시오.

1. 재료 확인 → 2. 재료 분리 → 3. 재료 씻기

재료

- 찹쌀가루 ············· 1C
- 치자 ················· 2개
- 녹차가루 ············· 1/3t
- 백년초가루 ··········· 1/3t
- 소금

깨소
- 깨 ················· 1T
- 계핏가루
- 꿀 ················· 1t

대추소
- 대추 ················· 1개
- 계핏가루
- 꿀 ················· 1T

집청
- 물 ················· 1/2C
- 설탕 ················· 1/2C

만드는 법

1 **치자**는 반으로 쪼개 물에 담가 치자 물을 만든다.
녹차가루와 백년초가루는 물에 개어 놓는다.
체에 내린 찹쌀가루는 3등분하여 3색으로 익반죽해 숙성시킨다.

2 절구통에 **깨**를 빻아서 꿀과 계핏가루를 넣고 섞어 깨소를 만든다.
대추는 씨를 빼고 곱게 다진 후 꿀과 계핏가루를 넣고 섞어 대추소를 만든다.
설탕과 물을 동량으로 넣고 중불에서 젓지 말고 졸여 집청을 만든다.

3 **손질한 재료**는 한데 모아 준비해 둔다.

4 반죽한 것을 일정한 크기로 잘라 나눈 후 둥글게 빚어 각각의 소를 넣고 작은 **송편 모양**으로 빚는다.

5 달군 팬에 식용유를 두르고 **주악**이 달라붙지 않게 구워 낸 후 **집청**에 담갔다 건져 그릇에 담아낸다.

Point
1. 쑥가루나 딸기가루가 지급될 수 있다.
2. 주악은 터지지 않게 기름 온도에 유의하여 튀기듯 기름을 끼얹어가며 익힌다.

주악

주악은 조약돌처럼 작고 앙증맞다 하여 붙여진 이름으로 궁중에서는 조악, 민가와 반가에서는 주악이라고 불렸다. 주로 잔칫상이나 차례상에 편을 고일 때 웃기떡으로 썼다.

요구사항

주악은 6개 이상 제출하시오.

1. 재료 확인 → 2. 재료 분리 → 3. 재료 씻기

재료

- 찹쌀가루 ………… 1C
- 소금
- 식용유

깨소
- 깨 ………………… 2T
- 계핏가루
- 꿀
- 소금

대추소
- 대추 ……………… 3개
- 계핏가루
- 꿀

집청
- 설탕
- 물

만드는 법

1 **찹쌀가루**는 소금을 넣고 익반죽하여 비닐봉지에 넣고 숙성시킨다.
깨는 절구에 빻아서 꿀과 소금, 계핏가루를 넣고 깨소를 만든다.
대추소는 씨를 제거하여 곱게 다진 후 꿀과 계핏가루를 넣어 만든다.

2 **손질한 재료**는 한데 모아 준비해 둔다.

3 **숙성시킨 찹쌀 반죽**을 조약돌처럼 작게 만들어 깨소, 대추소를 넣는다.

4 작은 **송편 모양**으로 6개 이상 만든다.

5 만들어 놓은 **주악**은 팬에 넉넉하게 기름을 넣고 타지 않게 지져낸 후 **집청**을 만들어 버무려 낸다.

Point

1. 눌러 붙거나 터지지 않게 낮은 온도에서 튀겨낸다.

편강

편강(片薑)은 생강을 얇게 저며서 설탕에 조려 그 위에 설탕을 뿌린 것을 말한다.
편강은 한방에서 가래약이나 건위약으로 사용한다.

ⓘ 요구사항

편강은 전량 제출하시오.

1. 재료 확인 → 2. 재료 분리 → 3. 재료 씻기

재료

- 생강·············· 200g
- 물 ·············· 1/2C
- 설탕·············· 1/2C

만드는 법

1 껍질을 벗긴 **생강**은 0.2cm 두께의 편으로 썬다.

2 편으로 썬 **생강**은 끓는 물에 투명해질 때까지 삶는다.

3 **끓인 생강**은 체에 밭쳐 찬물에 헹군다.

4 냄비에 물 2C, 설탕 1/2C, 생강을 넣고 약한 불에서 윤기 나게 졸인다.

5 그릇에 **졸인 생강**을 놓고 따뜻할 때 설탕을 뿌려 제출한다.

Point

1. 생강은 투명해질 때까지 윤기나게 졸인다.

호박송편

호박송편은 찐 호박을 넣어 맛이 달고 구수하며 선명하고 예쁜 노란색을 띠는 것이 특징이다.
호박에 들어있는 필수아미노산과 레시틴은 두뇌에 좋으며 항암효과에도 좋다.

▎요구사항

단호박을 쪄서 멥쌀가루와 반죽하여 사용하시오.

1. 재료 확인 ➡ 2. 재료 분리 ➡ 3. 재료 씻기

재료

- 멥쌀가루 ············ 1C
- 단호박 ············ 100g
- 밤 ············ 1개
- 꿀 ············ 1T
- 소금, 참기름

만드는 법

1 **단호박**은 씨를 긁어내고 밤과 함께 쪄낸 후 과육을 긁어낸다.
멥쌀가루는 체에 내려둔다.

2 **찐밤**은 으깨서 꿀과 설탕, 소금을 넣고 잘 섞어 소를 만든다.

3 체에 내린 멥쌀가루에 **찐 단호박**으로 농도를 조절해가며 반죽한다.

4 **손질한 재료**는 한데 모아 준비해 둔다.

5 단호박 반죽을 일정한 크기로 나누어 밤소를 넣고 **송편 모양**으로 빚는다.
찜통에 김이 오르면 젖은 면보를 깔고 송편을 넣어 찐다.

6 다 **쪄진 송편**은 꺼내어 참기름을 발라 제출한다.

마른안주 (은행꽂이, 다시마 매듭자반, 호두튀김, 생률)

술을 마실 때 곁들여 먹는 음식으로 간단하게 먹기 좋다.

▎요구사항

1. 은행꽂이는 은행을 3개씩 꽂아 5개를 제출하시오.
2. 다시마 매듭자반은 5개를 제출하시오.
3. 호두튀김은 5개 제출하시오.
4. 생률은 5개 제출하시오.

1. 재료 확인 → 2. 재료 분리 → 3. 재료 씻기

재료

은행꽂이
- 은행·············· 50g
- 잣················· 1T
- 소금·············· 약간
- 꼬치·············· 5개

다시마 매듭자반
- 다시마··········· 1장
- 잣················· 1T
- 통후추··········· 1t
- 설탕·············· 1t

호두튀김
- 호두·············· 5개
- 녹말가루········ 1T
- 설탕

생률
- 밤················· 5개

만드는 법

1 〈은행꽂이〉
① 팬에 식용유, 은행과 소금을 넣고 볶는다.
② 볶은 은행은 키친타올로 껍질을 비빈다.
③ 꼬지에 끼운다.

2 〈다시마 매듭자반〉
① 다시마는 깨끗이 닦은 다음 0.5×8cm 크기로 자른다.
② 다시마 리본을 만들어 매듭 부분에 **잣과 통후추를 넣고** 튀긴다.

3 〈호두튀김〉
① **호두**는 껍질을 벗긴다.
② 껍질 벗긴 호두는 녹말가루를 묻혀 털어낸 후 튀긴 다음 설탕을 뿌린다.

4 〈생률〉
밤은 껍질을 벗기고 위아래 평평하게 깎고 모서리가 각지게 모양을 낸다.

5 손질해놓은 마른안주를 접시에 담아 낸다.

Point

1. 마른안주 수량은 요구사항에 따라 다를 수 있다.

제3부

조리기능장
한식 실기 기출문제

2018년 상반기 · 하반기

2019년 상반기 · 하반기

2020년 상반기 · 하반기

2000~2020년 조리기능장 기출문제

조리기능장 자격시험 안내

2018. 6. 2. 중식 – 소갈비구이, 두부선, 닭온반, 섭산삼, 편수

소갈비구이
갈비 핏물 제거 후 0.5cm 두께로 포 뜨기 – 앞뒤로 잔칼집 넣기 – 파, 마늘 다지기 – 양념장에 재우기 – 잣가루 만들기 – 달군 석쇠에 소갈비를 굽다가 거의 익을 무렵 남은 양념장을 더 발라 굽기 – 고명으로 잣가루 올리기
▶ 소갈비양념 – 간장 2T, 배즙 2T, 양파즙 2T, 설탕 1T, 다진 파, 다진 마늘, 깨, 후추, 참기름

두부선
겨자 발효 – 황·백 분리 후 지단 부쳐 0.2×2cm로 썰기 – 석이 불린 후 채 썰어 볶기 – 표고 불린 후 채 썰어 볶기 – 닭고기, 두부 곱게 다져 물기 제거 후 양념 – 1×10×10cm 크기로 네모지게 모양 만들기 – 고명으로 황·백 지단채, 석이채, 표고채, 실고추 준비 – 비늘잣 올리고 찜솥에 익힌 후 식혀서 1×3×3cm로 자르기 – 겨자장과 함께 제출
▶ 닭고기, 두부양념 – 소금, 다진 파, 다진 마늘, 깨, 후추, 참기름
▶ 겨자장 – 발효겨자 1T, 설탕 1T, 식초 1.5T, 간장 1t

닭온반
밥하기 – 닭은 향미채소를 넣고 끓여 육수 만들기 – 닭살은 찢어서 양념 – 애호박은 0.2×5cm로 채 썰어 볶기 – 당근은 0.2×5cm로 채 썰어 볶다가 소금 간 – 표고는 0.2×5cm로 썰어 양념하여 볶기 – 완성 그릇에 밥과 함께 재료 담고 따뜻한 육수를 부어 내기
▶ 닭고기 양념 – 소금, 다진 파, 다진 마늘, 깨, 후추, 참기름
▶ 표고 양념 – 간장 1t, 설탕 1/2t, 참기름

섭산삼
더덕은 껍질 제거 후 깨끗이 손질 – 5cm 길이로 잘라 소금물에 절이기 – 물기 제거 후 방망이로 두드려 찹쌀가루 묻히기 – 150~160℃에 하얗게 튀기기 – 기름 제거 후 접시에 담고 꿀과 함께 제출

편수
소고기는 향미채소를 넣고 끓여 육수 만들어 간하기 – 만두피 반죽하여 숙성 – 숙주는 데쳐서 송송 썰기 – 호박, 오이는 채 썰어 절이고 물기 제거 후 볶기 – 파, 마늘 다지기 – 소고기 곱게 다지고 표고는 채 썰어 양념하여 볶기 – 만두소 만들기(소고기, 표고, 애호박, 오이) – 만두피 8×8cm 크기로 7장 밀기 – 만두피에 만두소 넣고 잣 1알씩 넣어 네모지게 빚기 – 찜기에 쪄내기 – 그릇에 편수 담고 고명(황·백지단, 미나리초대)을 얹어 육수 약간 부어 제출
▶ 초간장 – 간장 1T, 식초 1T, 설탕 1t, 물 1T

2018. 6. 3. 일식, 복어 – 어만두, 메밀전병, 월과채, 게감정, 대하잣즙무침

어만두

겨자 발효 후 겨자장 만들기 – 생선은 0.1×7×7cm로 포뜬 후 밑간 – 파, 마늘 다지기 – 숙주 데친 후 송송 썰어 양념 – 오이 채 썰어 소금 간 후 물기 제거하여 볶기 – 소고기 다진 후 양념하여 볶기 – 표고, 목이는 채 썰어 양념해 볶기 – 소 만들기(오이, 소고기, 표고, 목이, 숙주) – 생선포에 녹말가루 묻혀 소 넣고 찜기에 7분 정도 찌기 – 겨자장과 함께 제출하기

▶ 소고기, 표고, 목이 양념 – 간장 2t, 설탕 1t, 다진 파, 다진 마늘, 깨, 후추, 참기름
▶ 겨자장 – 발효겨자 1T, 설탕 1T, 식초 1.5T, 간장 1t

메밀전병

메밀가루, 밀가루는 체친 후 소금물로 반죽하여 숙성 – 숙주, 미나리는 데친 후 송송 썰어 물기 제거 – 무는 채 썰어 볶다가 양념 – 김치는 송송 썰어 양념 – 표고는 불린 후 채 썰어 양념 후 볶기 – 소 만들기(숙주, 미나리, 무, 김치, 표고) – 사각팬에 10×20cm 크기로 길게 3장 정도 부치기 – 소를 넣고 말아서 3×4cm로 썰어 접시에 8개 이상 담아 제출

▶ 무 양념 – 소금, 다진 파, 다진 마늘, 깨, 참기름
▶ 김치 양념 – 다진 파, 다진 마늘, 깨, 참기름
▶ 표고 양념 – 간장, 설탕, 참기름

월과채

찹쌀가루는 익반죽 하기 – 애호박은 반으로 갈라 눈썹 모양으로 속을 파서 0.3cm 길이로 썰어 절이기 – 황·백지단 부쳐 0.3×0.3×5cm 길이로 채썰기 – 느타리버섯은 데쳐 물기 제거 후 찢어서 소금, 참기름 – 소고기는 다지고 표고는 0.3×0.3×5cm 크기로 채 썰어 양념 – 홍고추 채썰기 – 팬에 찹쌀전병 부쳐 채썰기 – 애호박, 홍고추, 표고, 소고기 순으로 볶기 – 모든 재료 소금, 깨, 참기름으로 무쳐 그릇에 담아 제출

▶ 소고기, 표고 양념 – 간장 2t, 설탕 1t, 다진 파, 다진 마늘, 깨, 후추, 참기름
▶ 느타리버섯 양념 – 소금, 참기름

게감정

게는 손질 후 밀대로 밀어 게살 분리 – 게 껍질, 다리, 향미채소를 넣고 육수 만들기 – 무 0.4×3×3cm로 썰기 – 쪽파 3cm로 썰기 – 숙주 데쳐 물기 제거 후 송송 썰기 – 소고기 다지고 두부 으깨어 물기 제거 – 파, 마늘 다지기 – 소 만들어 양념하기 – 게 껍데기에 밀가루 발라 소 넣고 밀가루, 달걀 묻혀 지지기 – 냄비에 육수 3C 넣고 고추장 2T, 된장 1t 풀어 체에 거르기 – 무 넣고 반쯤 익으면 지져 놓은 게 넣고 끓이다가 다진 마늘, 쪽파를 넣고 마무리

▶ 소 양념 – 소금, 다진 파, 다진 마늘, 깨, 후추, 참기름

대하잣즙무침

소고기는 삶은 후 편육은 0.3×2×4cm로 썰기 – 대하는 내장 제거하여 데친 후 껍질을 벗기고 반으로 포 뜨기 – 오이는 0.3×2×4cm로 썰어 절인 후 볶기 – 죽순은 모양 살려 0.3×2×4cm로 썰어 데쳐서 볶기 – 잣즙소스 만들기 – 소스에 재료 넣어 버무린 후 그릇에 담아 제출

▶ 잣즙소스 – 잣가루 2T, 새우육수 2T, 소금, 참기름

2018. 6. 4. 복어 – 도미찜, 닭겨자냉채, 애탕, 섭산삼, 석류김치

도미찜(1)
도미는 아가미, 내장, 비늘 제거 후 깨끗이 씻어 2cm 간격으로 칼집 넣고 밑간 – 파, 마늘 다지기 – 소고기는 곱게 다진 후 양념하여 도미 칼집 사이에 끼운 다음 찜통에 15분 찌기 – 황·백지단 부쳐 0.1×4cm로 썰기 – 석이버섯, 홍·풋고추 채 썰어 볶기 – 쪄낸 도미 위에 홍고추, 황·백지단, 석이를 고명으로 올린 다음 다시 한번 찌기
▶ 도미 밑간 – 소금, 후추, 생강즙, 청주
▶ 소고기 양념 – 간장 2t, 설탕 1t, 다진 파, 다진 마늘, 깨, 후추, 참기름

닭겨자냉채
닭고기는 향미채소를 넣고 삶아 찢어 놓기 – 겨자 발효시키기 – 황·백지단 부친 후 1×4cm로 썰기 – 오이, 당근, 배는 0.3×1×4cm로 썰어 단촛물 담구기 – 밤은 편썰어 설탕물에 담갔다 건지기 – 겨자장 만들어 모든 재료 무쳐내기
▶ 단촛물 – 물 1C, 설탕 2T, 식초 2T, 설탕 1t

애탕
소고기는 끓여서 육수(국간장, 소금) 만들기 – 쑥은 데쳐 곱게 다진 후 물기를 제거 – 황·백지단 부친 후 마름모꼴로 썰기 – 소고기, 두부를 다진 다음 다진 쑥 섞어 치댄 다음 2cm 크기로 완자 6개 빚기 – 완자에 밀가루, 달걀물 입혀 팬에 익히기 – 육수에 완자 넣고 익히기 – 황·백지단 고명으로 올려 제출
▶ 완자 양념 – 소금, 다진 파, 다진 마늘, 깨, 후추, 참기름

섭산삼
더덕은 껍질 제거 후 깨끗이 손질 – 5cm 길이로 잘라 소금물에 절이기 – 물기 제거 후 방망이로 두드려 찹쌀가루 묻히기 – 150~160℃에 하얗게 튀기기 – 기름 제거 후 접시에 담고 꿀과 함께 제출

석류김치
배추는 **굵은 소금**에 절이기 – 무는 밑부분 1cm를 남기고 위쪽 1×1cm 간격으로 칼집을 넣어 소금물에 절이기 – 표고, 무, 밤, 대추, 마늘, 생강, 석이는 0.1×1cm 크기로 가늘게 채썰기 – 실고추는 1cm 길이로 손질 – 모든 재료를 섞어 소를 만든 다음 절인 무 사이에 넣기 – 절인 배추로 무를 감싸 그릇에 담고 김치 국물 부어 제출
▶ 김치 국물 – 물 1C, 소금 1t
※ 굵은 소금이 나오므로 굵은 소금으로 배추를 절인다.

2018. 6. 5. 양식 – 궁중닭찜, 삼색밀쌈, 조랭이떡국, 숙주채, 대하잣즙무침

궁중닭찜
파, 마늘 다지기 – 손질한 닭에 향미채소 넣고 육수 만든 다음 닭살은 찢어 양념하기 – 표고, 목이, 석이버섯은 채썰기 – 물녹말 만들기 – 달걀 풀어 놓기 – 냄비에 육수를 넣고 끓이다가 소금, 후추로 간하고 표고, 목이를 넣고 끓이기 – 물녹말을 넣고 투명하게 끓으면 닭살을 넣고 줄알치기 – 그릇에 담아 고명으로 석이 올려 제출
▶ 닭살 양념 – 소금, 다진 파, 다진 마늘, 후추, 참기름

삼색밀쌈
치자는 반으로 갈라 즙 내기 – 강판 안에 소창 놓고 오이, 당근을 갈아 즙 내어 삼색 반죽 만들기 – 파, 마늘 다지기 – 황·백지단 부친 후 채썰기 – 오이, 당근 0.2×2×5cm로 채 썰어 볶기 – 소고기, 표고 0.2×2×5cm로 채 썰어 양념 후 볶기 – 삼색 밀전병은 각각 10×20cm 정도로 부친 다음 볶아 놓은 재료를 올려 단단하게 말아 4cm 길이로 썰기 – 그릇에 3개씩 담고 초간장 만들어 함께 제출
▶ 초간장 – 간장 1T, 식초 1T, 설탕 1t, 물 1T

조랭이떡국
육수 만들어 간하고(국간장, 소금) 편육은 3cm로 채썰기 – 멥쌀가루 1C에 소금물 넣고 체에 내려 찜통에 쪄내기 – 황·백지단 부친 후 3cm 마름모꼴로 썰기 – 찐 멥쌀가루는 잘 치대어 1.5×2.5cm 크기의 누에고치 모양으로 15개 만들기 – 육수에 조랭이 떡을 넣고 끓으면 그릇에 담고 황·백지단과 미나리초대를 고명으로 얹어 제출
※ 요구사항에 따라 고명을 채로 올릴 수 있다.

숙주채
소고기는 향미채소를 넣고 삶아 편육은 0.2×0.5×5cm로 썰기 – 숙주는 거두절미한 후 데쳐 찬물에 헹구기 – 미나리는 5cm로 썰어 데친 후 찬물에 헹구기 – 배는 채 썰어 설탕물에 담갔다 건지기 – 양념장에 버무려 내기
▶ 양념장 – 소금, 설탕, 다진 파, 다진 마늘, 깨, 후추, 참기름

대하잣즙무침
소고기는 삶은 후 편육은 0.3×2×4cm로 썰기 – 대하는 내장 제거하여 데친 후 껍질을 벗기고 반으로 포 뜨기 – 오이는 0.3×2×4cm로 썰어 절인 후 볶기 – 죽순은 모양 살려 0.3×2×4cm로 썰어 데쳐서 볶기 – 잣즙소스 만들기 – 소스에 재료 넣어 버무린 후 그릇에 담아 제출
▶ 잣즙소스 – 잣가루 2T, 새우육수 2T, 소금, 참기름

2018. 9. 1. 중식 – 전복죽, 용봉탕, 오징어순대, 만두과, 장김치

전복죽
전복은 면보로 검은 막을 닦은 후 깨끗이 손질한 다음 살만 채썰기 – 쌀은 밀대로 밀어 싸라기 만들기 – 냄비에 참기름을 두른 후 싸라기를 넣고 투명해질 때까지 볶다가 전복 넣고 볶기 – 3C 정도의 물을 붓고 푹 끓여 죽이 퍼지면 소금 간하여 그릇에 담아 제출

용봉탕
닭은 손질하여 향미채소 넣고 육수 만들어 소금 간하고 닭살은 찢어 양념 – 잉어는 꼬리뼈쪽에 칼집을 넣어 핏물을 제거하고 3토막 내기 – 표고는 2~3등분하기 – 밤, 대추 썰고 황·백지단 부쳐 0.3×1.5×4cm 썰기 – 닭육수에 잉어, 밤, 대추, 표고 넣고 익으면 간하기 – 그릇에 닭살과 재료 담아 황·백지단, 석이 고명으로 올려 제출
▶ 닭살 양념 – 소금, 다진 파, 다진 마늘, 후추, 참기름
※ 실고추가 나오면 고명으로 올린다.

오징어순대
오징어는 몸통과 다리를 분리해 손질하여 다리는 데친 후 다지기 – 파, 마늘 다지기 – 당근, 홍·풋고추, 두부, 표고, 소고기 다지기 – 볼에 오징어 다리와 다진 재료를 넣고 소 만들기 – 몸통은 속에 물기 제거 후 밀가루를 뿌려 소를 채운 다음 입구를 꼬치로 막기 – 몸통 전체에 바늘침을 주고 찜통에 15분 정도 쪄내기 – 식으면 1cm 폭으로 썰어 그릇에 담아 제출
▶ 소 양념 – 소금, 다진 파, 다진 마늘, 깨, 후추, 참기름

만두과
집청 만들고 생강즙 만들기 – 밀가루, 소금, 계핏가루, 후추 넣고 비벼 체에 내리기 – 참기름, 청주, 물엿 넣고 다시 체에 내린 다음 반죽하여 숙성하기 – 대추소 만들기 – 비늘잣 만들기 – 송편모양으로 빚어 끝부분을 밧줄처럼 꼬아주기 – 120℃~150℃에서 튀기기 – 집청에 담갔다 체에 받친 후 그릇에 담고 비늘잣을 고명으로 올리기
▶ 대추소 – 대추 5개, 꿀, 계핏가루
▶ 집청 재료 – 생강즙, 설탕, 꿀

장김치
배추, 무 0.2×2.5×2.5cm로 썰어 각각 간장에 절이기 – 대파, 마늘, 생강 채썰기 – 배, 밤 편썰어 설탕물에 담갔다 건지기 – 미나리, 갓 2.5cm로 썰고 표고채, 석이채, 대추채, 실고추 준비하기 – 배추, 무 절인 간장에 물 2C을 붓고 설탕, 소금 간하여 고명을 제외한 재료를 넣고 섞기 – 석이, 대추, 잣, 실고추를 띄워 제출

2018. 9. 2. 일식, 복어 – 구절판, 게감정, 규아상, 김치적, 우메기

구절판
밀가루와 물은 동량으로 하여 밀전병 반죽하기 – 파, 마늘 다지기 – 오이, 당근, 석이 0.2×0.2×5cm로 썰어 볶기 – 표고, 소고기 채 썰어 양념해서 볶기 – 숙주는 거두절미하여 데친 후 소금, 참기름 – 황·백지단 부친 후 채썰기 – 밀전병 직경 6cm로 7개 부치기 – 그릇에 손질해둔 재료 담고 가운데 밀전병 올려 제출
▶ 소고기, 표고 양념 – 간장 2t, 설탕 1t, 다진 파, 다진 마늘, 깨, 후추, 참기름
※ 밀전병 직경은 요구사항에 따라 다를 수 있다.

게감정
게는 손질 후 밀대로 밀어 게살 분리 – 게 껍질, 다리, 향미채소를 넣고 육수 만들기 – 무 0.4×3×3cm로 썰기 – 쪽파 3cm로 썰기 – 숙주 데쳐 물기 제거 후 송송 썰기 – 소고기 다지고 두부 으깨어 물기 제거 – 파, 마늘 다지기 – 소 만들어 양념하기 – 게 껍데기에 밀가루 발라 소 넣고 밀가루, 달걀 묻혀 지지기 – 냄비에 육수 3C 넣고 고추장 2T, 된장 1t 풀어 체에 거르기 – 무 넣고 반쯤 익으면 지져 놓은 게 넣고 끓이다가 다진 마늘, 쪽파를 넣고 마무리
▶ 소 양념 – 소금, 다진 파, 다진 마늘, 깨, 후추, 참기름

규아상
만두피 반죽하기 – 오이 0.2×3cm로 채 썰어 절이기 – 파, 마늘 다지기 – 소고기는 다지고 표고는 채 썰어 양념 – 오이, 표고, 소고기는 볶아 소 만들기 – 만두피는 8cm로 밀어 소와 잣을 넣고 주름 잡아 6개 빚어 찜통에 찌기 – 초간장과 함께 제출
▶ 소고기, 표고 양념 – 간장 2t, 설탕 1t, 다진 파, 다진 마늘, 깨, 후추, 참기름
▶ 조간장 – 간장 1T, 식초 1T, 설탕 1t, 물 1T

김치적
파, 마늘 다지기 – 김치 1×7cm로 썰어 참기름 밑간 – 표고 0.6×1×7cm로 썰어 양념 – 도라지 0.6×1×7cm로 썰어 데쳐 소금, 참기름 – 소고기 0.5×0.8×8cm로 썰어 양념 – 팬에 도라지, 표고, 소고기 순으로 볶아 꼬치에 끼운 다음 밀가루, 달걀 입혀 팬에 지진 후 꼬치를 빼고 그릇에 담기 – 초간장 만들어 제출
▶ 소고기, 표고 양념 – 간장 2t, 설탕 1t, 다진 파, 다진 마늘, 깨, 후추, 참기름
▶ 초간장 – 간장 1T, 식초 1T, 설탕 1t, 물 1T

우메기
집청 만들기 – 찹쌀가루, 멥쌀가루, 소금, 설탕 넣고 체에 내리기 – 가루에 막걸리 넣고 반죽하여 숙성 – 대추 고명 만들기 – 직경 0.8×4.5cm(1×5cm) 두께로 둥글게 만들어 130~150℃에서 튀기기 – 시럽에 담갔다 건져 고명 올려 제출

2018. 9. 3. 복어 – 두부전골, 떡갈비구이, 사슬적, 잣구리, 도라지정과

두부전골
소고기사태 육수 만들고(국간장, 소금) 편육은 0.5×1.5×5cm로 썰기 – **소고기 우둔 1/2**은 다져 으깬 두부와 섞어 양념하여 완자 만들기 – **미나리 1/2 데치기** – 두부는 0.5×2.5×3cm로 잘라 전분 묻혀 지진 후 **다진 우둔살 1/2** 넣어 미나리로 묶기 – 무, 당근은 삶아 0.5×1.5×5cm로 썰기 – 표고, 데친 죽순 썰기 – **1/2 미나리는 초대 만들기** – 황·백지단 부치쳐 1.5×5cm로 썰기 – 전골냄비 바닥에 편육, 남은 무, 당근 깔고 준비한 재료와 두부 돌려 담고 가운데 완자 올려 육수를 부어 두부 속 고기를 **반드시** 익힌 후 제출
▶ 소고기 양념 – 소금, 다진 파, 다진 마늘, 깨, 후추, 참기름

떡갈비구이
파, 마늘 다지기 – 배즙, 양파즙 만들기 – 갈비살 발라 뼈는 삶고 살은 다져 양념하여 찹쌀가루 넣고 치대기 – 구이 양념장 만들기 – 갈비뼈에 찹쌀가루 묻힌 후 갈비 반죽 붙여 모양잡기 – 석쇠에 얹어 양념장 덧바르면서 굽기
▶ 갈비살 양념 – 찹쌀가루, 소금, 다진 파, 다진 마늘, 깨, 후추, 참기름
▶ 구이 양념장 – 간장, 설탕, 배즙, 양파즙, 다진 마늘, 후추, 참기름

사슬적
생강즙 만들고 파, 마늘 다지기 – 흰살생선 0.5×1×8cm로 6개 썰어 소금, 후추, 생강즙 – 두부는 으깨고 소고기는 다져 양념하여 0.5×1×8cm로 4개 만들기 – 꼬치에 생선, 고기를 번갈아 가며 끼운 다음 고기와 생선 사이에 밀가루를 묻혀 팬에 지지기 – 잣가루 만들기 – 꼬치를 빼고 사슬적에 잣가루 올려 제출
▶ 소고기 양념 – 소금, 다진 파, 다진 마늘, 깨, 후추, 참기름

잣구리
찹쌀가루 소금물로 익반죽 – 밤은 껍질 제거 후 삶아 체에 내려 계핏가루, 꿀을 넣고 소 만들기 – 깨, 소금, 계핏가루, 꿀 넣고 깨소 만들기 – 잣가루 만들기 – 반죽에 소를 넣고 2×4cm 크기의 누에고치 모양으로 빚어 끓는 물에 삶아 물기 제거 후 잣가루 묻히기
▶ 밤소 – 밤, 계핏가루, 꿀
▶ 깨소 – 깨, 소금, 계핏가루, 꿀

도라지 정과
도라지는 흙을 제거한 후 껍질을 벗겨 0.6×1×5cm로 썰어 데치기 – 시럽에 약불로 졸이기 – 투명하게 졸여지면 물엿을 넣고 조금 더 졸이기 – 굵은 체에 밭쳐 남은 시럽을 빼고 그릇에 담아 제출
▶ 시럽 – 물 1C, 설탕 1/2C, 소금, 물엿 2T

2018. 9. 4. 양식 - 두부전골, 가지선, 월과채, 흑임자죽, 우메기

두부전골

소고기사태 육수 만들고(국간장, 소금) 편육은 0.5×1.5×5cm로 썰기 – **소고기 우둔 1/2**은 다져 으깬 두부와 섞어 양념하여 완자 만들기 – **미나리 1/2 데치기** – 두부는 0.5×2.5×3cm로 잘라 전분 묻혀 지진 후 **다진 우둔살 1/2** 넣어 미나리로 묶기 – 무, 당근은 삶아 0.5×1.5×5cm로 썰기 – 표고, 데친 죽순 썰기 – **1/2 미나리는 초대 만들기** – 황·백지단 부치쳐 1.5×5cm로 썰기 – 전골냄비 바닥에 편육, 남은 무, 당근 깔고 준비한 재료와 두부 돌려 담고 가운데 완자 올려 육수를 부어 두부 속 고기를 **반드시** 익힌 후 제출
▶ 소고기 양념 – 소금, 다진 파, 다진 마늘, 깨, 후추, 참기름

가지선

가지는 8cm로 썰어 양끝 1cm를 남기고 십자 칼집 넣어 소금물에 절이기 – 파, 마늘 다지기 – 소고기, 표고는 채 썰어 양념하여 소 만들기 – 황·백지단 부쳐 0.2×2cm로 채썰기 – 석이 채 썰어 볶고 실고추 준비하기 – 절인 가지에 소 양념 넣고 조림장을 끼얹어가며 익히고 고명으로 황·백지단, 석이채, 실고추 올려 제출
▶ 소고기, 표고 양념 – 소금, 다진 파, 다진 마늘, 깨, 후추, 참기름
▶ 조림장 – 물 1C, 간장, 소금

월과채

찹쌀가루는 익반죽 하기 – 애호박은 반으로 갈라 눈썹 모양으로 속을 파서 0.3cm 길이로 썰어 절이기 – 황·백지단 부쳐 0.3×0.3×5cm 길이로 채썰기 – 느타리버섯은 데쳐 물기 제거 후 찢어서 소금, 참기름 – 소고기는 다지고 표고는 0.3×0.3×5cm 크기로 채 썰어 양념 – 홍고추 채썰기 – 팬에 찹쌀전병 부쳐 채썰기 – 애호박, 홍고추, 표고, 소고기 순으로 볶기 – 모든 재료 소금, 깨, 참기름으로 무쳐 그릇에 담아 제출
▶ 소고기, 표고 양념 – 간장 2t, 설탕 1t, 다진 파, 다진 마늘, 깨, 후추, 참기름
▶ 느타리버섯 양념 – 소금, 참기름

흑임자죽

믹서기에 불린 쌀을 갈아 체에 내리기 – 흑임자도 갈아 체에 내리기 – 갈아 놓은 찹쌀과 흑임자를 넣고 끓이기 – 농도가 걸쭉해지면 소금, 설탕으로 간하여 그릇에 담아 제출

우메기

집청 만들기 – 찹쌀가루, 멥쌀가루, 소금, 설탕 넣고 체에 내리기 – 가루에 막걸리 넣고 반죽하여 숙성 – 대추 고명 만들기 – 직경 0.8×4.5cm(1×5cm) 두께로 둥글게 만들어 130~150℃에서 튀기기 – 시럽에 담갔다 건져 고명 올려 제출

2019. 4. 20. 중식 – 석류탕, 오징어순대, 죽순채, 흑임자죽, 감자정과

석류탕
소고기 사태, 향미채소 넣고 끓여 장국 만들기 – 파, 마늘 다지기 – 만두피 반죽하기 – 미나리, 숙주 데친 후 송송 썰기 – 무 채 썰어 데치기 – 소고기 우둔, 닭고기 다지고, 두부 으깨기 – 표고 채썰기 – 손질한 재료 섞어 양념하여 만두 소 만들기 – 황·백지단 부쳐 마름모꼴로 썰기 – 만두피 6cm로 얇게 썰어 소 넣고 복주머니 모양으로 접어 잣을 위에 꽂아 넣고 장국에 익히기 – 장국과 만두를 담고 황·백지단 고명으로 올려 제출
▶ 만두소 양념 – 소금, 다진 파, 다진 마늘, 깨, 후추, 참기름

오징어순대
오징어는 몸통과 다리를 분리해 손질하여 다리는 데친 후 다지기 – 파, 마늘 다지기 – 당근, 홍·풋고추, 두부, 표고, 소고기 다지기 – 볼에 오징어 다리와 다진 재료를 넣고 소 만들기 – 몸통은 속에 물기 제거 후 밀가루를 뿌려 소를 채운 다음 입구를 꼬치로 막기 – 몸통 전체에 바늘침을 주고 찜통에 15분 정도 쪄내기 – 식으면 1cm 폭으로 썰어 그릇에 담아 제출
▶ 소 양념 – 소금, 다진 파, 다진 마늘, 깨, 후추, 참기름

죽순채
죽순은 빗살모양 살려 데치기 – 파, 마늘 다지기 – 초간장 만들기 – 황·백지단 부쳐서 채썰기 – 거두절미한 숙주, 미나리 5cm로 썰어 데치기 – 홍고추 0.3×0.3×5cm 채썰기 – 표고, 소고기 0.2×0.2×5cm로 채 썰어 양념 – 팬에 죽순, 홍고추, 표고, 소고기 순으로 볶기 – 모든 재료 초간장으로 버무려 그릇에 담고 황·백지단채 고명으로 올려 제출
▶ 소고기, 표고 양념 – 간장 2t, 설탕 1t, 다진 파, 다진 마늘, 깨, 후추, 참기름
▶ 초간장 – 간장 1T, 식초 1T, 설탕 1t, 물 1T

흑임자죽
믹서기에 불린 쌀을 갈아 체에 내리기 – 흑임자도 갈아 체에 내리기 – 갈아 놓은 찹쌀과 흑임자를 넣고 끓이기 – 농도가 걸쭉해지면 소금, 설탕으로 간하여 그릇에 담아 제출

감자정과
감자는 0.3cm 두께로 썰어 감자전분 빼서 살짝 데치기 – 물 2C, 설탕 1C, 소금 약간 넣고 졸이다가 투명해지면 물엿 넣고 살짝 졸이기 – 체에 밭쳐 남은 시럽 빠지면 그릇에 담아 제출

2019. 4. 21. 일식, 복어 – 닭온반, 떡수단, 도토리묵무침, 양동구리, 죽순채

닭온반
밥하기 – 닭은 향미채소를 넣고 끓여 육수 만들기 – 닭살은 찢어서 양념 – 애호박은 0.2×5cm로 채 썰어 볶기 – 당근은 0.2×5cm로 채 썰어 볶다가 소금 간 – 표고는 0.2×5cm로 썰어 양념하여 볶기 – 완성 그릇에 밥과 함께 재료 담고 따뜻한 육수를 부어 내기
▶ 닭고기 양념 – 소금, 다진 파, 다진 마늘, 깨, 후추, 참기름
▶ 표고 양념 – 간장 1t, 설탕 1/2t, 참기름

떡수단
시럽 만들기 – 멥쌀가루에 소금물 넣고 비벼 체에 내린 후 찜솥에 쪄내기 – 절구에 찧은 다음 도마에 놓고 다시 한번 치대기 – 가래떡 모양으로 만들어 젓가락으로 1cm로 둥글게 만들기 – 녹말가루 묻혀 삶아 찬물에 담그는 과정을 2~3번 반복하기 – 그릇에 물 1C, 시럽을 넣고 떡수단과 잣을 띄워 제출
※ 세트 메뉴에 따라 오미자가 나오면 오미자를 우려서 사용한다.

도토리묵무침
도토리가루에 물 5C 정도를 넣고 쎈불에서 끓이다가 약불로 줄여 소금, 참기름을 넣고 묵 쑤어 틀에 담기 – 파, 마늘 다지기 – 오이, 당근은 길이로 반갈라 0.3×1.5×4cm로 어슷 썰기 – 쑥갓, 대파는 5cm 길이로 썰기 – 홍·풋고추 0.5×4cm로 어슷 썰기 – 식힌 묵은 1×3×4cm로 썰기 – 양념장에 재료를 넣고 무쳐 그릇에 담아 제출
▶ 양념장 – 고춧가루 2T, 간장 2T, 설탕 1T, 다진 파 1T, 다진 마늘 1/2T, 깨소금, 참기름

양동구리
소 양은 소금으로 비벼 안쪽기름과 막을 제거하기 – 파, 마늘 다지기 – 물이 끓으면 5초 이내로 데친 다음 한 시간 정도 찬물에 담구기 – 검은 막을 제거하고 곱게 다진 후 흰자, 녹말가루, 양념을 넣어 반죽하기 – 팬에 1T 정도 떠서 직경 4.5cm로 지지기
양동구리 양념 – 소금, 다진 파, 다진 마늘, 녹말가루, 흰자, 후추
※ 재료에 밀가루가 있을 때는 밀가루로 한번 비벼준다.

죽순채
죽순은 빗살모양 살려 데치기 – 파, 마늘 다지기 – 초간장 만들기 – 황·백지단 부쳐서 채썰기 – 거두절미한 숙주, 미나리 5cm로 썰어 데치기 – 홍고추 0.3×0.3×5cm 채썰기 – 표고, 소고기 0.2×0.2×5cm로 채 썰어 양념 – 팬에 죽순, 홍고추, 표고, 소고기 순으로 볶기 – 모든 재료 초간장으로 버무려 그릇에 담고 황·백지단채 고명으로 올려 제출
▶ 소고기, 표고 양념 – 간장 2t, 설탕 1t, 다진 파, 다진 마늘, 깨, 후추, 참기름
▶ 초간장 – 간장 1T, 식초 1T, 설탕 1t, 물 1T

2019. 4. 22. 복어 – 두부선, 석류탕, 약식, 삼색전(1), 보쌈김치

두부선
겨자 발효 – 황·백 분리 후 지단 부쳐 0.2×2cm로 썰기 – 석이 불린 후 채 썰어 볶기 – 표고 불린 후 채 썰어 볶기 – 닭고기, 두부 곱게 다져 물기 제거 후 양념 – 1×10×10cm 크기로 네모지게 모양 만들기 – 고명으로 황·백 지단채, 석이채, 표고채, 실고추 준비 – 비늘잣 올리고 찜솥에 익힌 후 식혀서 1×3×3cm로 자르기 – 겨자장과 함께 제출
▶ 닭고기, 두부양념 – 소금, 다진 파, 다진 마늘, 깨, 후추, 참기름
▶ 겨자장 – 발효겨자 1T, 설탕 1T, 식초 1.5T, 간장 1t

석류탕
소고기 사태, 향미채소 넣고 끓여 장국 만들기 – 파, 마늘 다지기 – 만두피 반죽하기 – 미나리, 숙주 데친 후 송송 썰기 – 무 채 썰어 데치기 – 소고기 우둔, 닭고기 다지고, 두부 으깨기 – 표고 채썰기 – 손질한 재료 섞어 양념하여 만두 소 만들기 – 황·백지단 부쳐 마름모꼴로 썰기 – 만두피 6cm로 얇게 썰어 소 넣고 복주머니 모양으로 접어 잣을 위에 꽂아 넣고 장국에 익히기 – 장국과 만두를 담고 황·백지단 고명으로 올려 제출
▶ 만두소 양념 – 소금, 다진 파, 다진 마늘, 깨, 후추, 참기름

약식
찜솥에 불린 찹쌀을 30분 이상 찌기 – 밤, 대추 1×1×1cm로 썰기 – 캐러멜 소스 만들기 – 찐 찹쌀에 캐러멜소스, 밤, 대추, 꿀, 계핏가루, 간장, 참기름 넣고 20~30분 정도 다시 찌기 – 잣을 넣고 섞어 뜸들인 후 틀에 꾹꾹 눌러 담기(틀 바닥에 약간의 밤, 대추, 잣을 미리 깔아 놓기)
▶ 캐러멜 소스 – 설탕 4T, 식용유 1T, 물 1T, 전분물 1T

삼색전(2)
애호박은 0.5cm로 썰어 소금에 절인 후 밀가루, 달걀 입혀 지지기 – 생선은 0.4×4×5cm로 포떠서 밑간한 후 밀가루, 달걀 묻혀 지지기 – 파, 마늘 다지기 – 표고는 유장처리 하고 두부, 소고기는 다져 양념하기 – 표고 안쪽에 밀가루 묻혀 소를 넣은 후 밀가루, 달걀 묻혀 지지기
▶ 소고기, 두부 양념 – 소금, 다진 파, 다진 마늘, 깨, 후추, 참기름

보쌈김치
무는 0.3×3×3cm로 썰어 절이기 – 절인 배추 줄기 부분은 3×3cm로 썰고 잎부분은 보쌈용으로 사용하기 – 마늘, 생강 채썰기 – 미나리, 쪽파, 갓은 3cm로 썰고 밤, 배는 편썰기 – 굴, 낙지는 소금물에 씻어 3cm로 썰기 – 고명으로 대추채, 석이채, 잣 준비하기 – 볼에 고명을 제외한 재료를 넣고 양념에 버무리기 – 제출 접시에 배춧잎을 바깥으로 말고 양념에 버무린 소를 담고 고명을 올린 후 국물을 부어 제출하기
▶ 양념 – 고춧가루 2T, 새우젓 1T, 물 1T, 소금
※ 실고추가 나오면 고명으로 사용한다.

2019. 4. 23. 양식 - 면신선로, 대합구이, 석류김치, 우엉잡채, 섭산삼

면신선로
양지머리는 삶아 육수 만들어 간하고(국간장, 소금) 편육은 편썬다 – 파, 마늘 다지기 – 소고기 0.3×2×5cm로 썰어 양념하기 – 죽순, 관자, 해삼 손질 후 썰어 데치기 – 새우는 데쳐서 껍질 제거 – 쑥갓, 쪽파 썰기 – 홍고추 0.3×2cm로 썰기 – 황·백지단, 미나리 초대 만들기 – 신선로 바닥에 편육을 깔고 육회 깔고 색을 맞춰 재료를 돌려 담고 육수를 부어 육회를 익히고 쑥갓을 넣고 살짝 익히기 – 국수는 삶아 토렴하여 따로 담아 제출하기
▶ 소고기채(육회) 양념 – 간장, 설탕, 다진 파, 다진 마늘, 깨, 후추, 참기름

대합구이
파, 마늘 다지기 – 대합 해감 후 데쳐 내장을 제거하고 다진 다음 볶기 – 표고 다지고 양파 다진 후 볶기 – 두부, 소고기 다지기 – 황·백지단 부친 후 0.1×0.1×4cm로 채썰기 – 홍·풋고추 채 썰어 볶기 – 볶은 대합살, 표고, 양파, 두부, 소고기 섞어 양념해 소 만들기 – 대합 껍질에 밀가루 묻혀 소를 넣고 밀가루, 달걀 입힌 후 팬에 지지기 – 고명(황·백지단, 홍·풋고추) 올리고 석쇠에 다시 한번 구워내기
▶ 소 양념 – 소금, 다진 파, 다진 마늘, 깨, 후추, 참기름
※ 요구사항에 따라 고명을 다질 수도 있다.

석류김치
배추는 **굵은 소금**에 절이기 – 무는 밑부분 1cm를 남기고 위쪽 1×1cm 간격으로 칼집을 넣어 소금물에 절이기 – 표고, 무, 밤, 대추, 마늘, 생강, 석이는 0.1×1cm 크기로 가늘게 채썰기 – 실고추는 1cm 길이로 손질 – 모든 재료를 섞어 소를 만든 다음 절인 무 사이에 넣기 – 절인 배추로 무를 감싸 그릇에 담고 김치 국물 부어 제출
▶ 김치 국물 – 물 1C, 소금 lt
※ 굵은 소금이 나오므로 굵은 소금으로 배추를 절인다.

우엉잡채
우엉은 0.3×0.3×6cm로 채 썰어 끓는 물에 식초 넣고 데치기 – 팬에 우엉채를 볶다가 간장, 설탕, 물을 넣고 졸이기 – 숙주, 미나리를 데친 후 소금, 참기름으로 밑간하고 표고는 채 썰어 양념하기 – 양파, 청피망, 홍고추 0.3×6cm로 채 썰어 볶기 – 볼에 볶은 재료와 깨, 참기름 넣어 무친 후 그릇에 담아 제출
▶ 표고버섯 양념 – 간장, 설탕, 참기름

섭산삼
더덕은 껍질 제거 후 깨끗이 손질 – 5cm 길이로 잘라 소금물에 절이기 – 물기 제거 후 방망이로 두드려 찹쌀가루 묻히기 – 150~160℃에 하얗게 튀기기 – 기름 제거 후 접시에 담고 꿀과 함께 제출

2019. 8. 24. 중식 – 두부선, 게감정, 소고기편채, 잣구리, 고추소박이

두부선

겨자 발효 – 황·백 분리 후 지단 부쳐 0.2×2cm로 썰기 – 석이 불린 후 채 썰어 볶기 – 표고 불린 후 채 썰어 볶기 – 닭고기, 두부 곱게 다져 물기 제거 후 양념 – 1×10×10cm 크기로 네모지게 모양 만들기 – 고명으로 황·백 지단채, 석이채, 표고채, 실고추 준비 – 비늘잣 올리고 찜솥에 익힌 후 식혀서 1×3×3cm로 자르기 – 겨자장과 함께 제출

▶ 닭고기, 두부양념 – 소금, 다진 파, 다진 마늘, 깨, 후추, 참기름
▶ 겨자장 – 발효겨자 1T, 설탕 1T, 식초 1.5T, 간장 1t

게감정

게는 손질 후 밀대로 밀어 게살 분리 – 게 껍질, 다리, 향미채소를 넣고 육수 만들기 – 무 0.4×3×3cm로 썰기 – 쪽파 3cm로 썰기 – 숙주 데쳐 물기 제거 후 송송 썰기 – 소고기 다지고 두부 으깨어 물기 제거 – 파, 마늘 다지기 – 소 만들어 양념하기 – 게 껍데기에 밀가루 발라 소 넣고 밀가루, 달걀 묻혀 지지기 – 냄비에 육수 3C 넣고 고추장 2T, 된장 1t 풀어 체에 거르기 – 무 넣고 반쯤 익으면 지져 놓은 게 넣고 끓이다가 다진 마늘, 쪽파를 넣고 마무리

▶ 소 양념 – 소금, 다진 파, 다진 마늘, 깨, 후추, 참기름

소고기편채

마늘즙 만들기, 겨자 발효 – 소고기 0.1×8×8cm로 포 뜬 후 밑간(소금, 후추)하여 찹쌀가루 묻힌 후 팬에 지지기 – 무순, 팽이 손질하기 – 오이, 당근, 양파, 깻잎 5cm로 채 썰어 싱싱처리하기 – 겨자장 만들기 – 팬에 지진 소고기를 놓고 채소 올려 고깔 모양으로 말아 5개 만들기 – 겨자장과 함께 제출하기

▶ 겨자장 – 발효겨자 1T, 설탕 1T, 식초 1.5T, 간장 1t

잣구리

찹쌀가루 소금물로 익반죽 – 밤은 껍질 제거 후 삶아 체에 내려 계핏가루, 꿀을 넣고 소 만들기 – 깨, 소금, 계핏가루, 꿀 넣고 깨소 만들기 – 잣가루 만들기 – 반죽에 소를 넣고 2×4cm 크기의 누에고치 모양으로 빚어 끓는 물에 삶아 물기 제거 후 잣가루 묻히기

▶ 밤소 – 밤, 계핏가루, 꿀
▶ 깨소 – 깨, 소금, 계핏가루, 꿀

고추소박이

풋고추는 양끝 1cm 남기고 길이로 칼집 넣은 다음 씨를 빼고 소금물에 절이기 – 마늘, 생강, 무는 2cm로 곱게 채썰기 – 쪽파, 부추 2cm로 썰기 – 마늘, 생강, 무, 쪽파, 부추, 멸치액젓, 소금 간하여 소 만들기 – 절여진 풋고추에 소를 넣고 잣 2~3알 넣기 – 그릇에 고추소박이를 담고 물 3T에 소금 간하여 자작하게 부어 제출한다.

2019. 8. 30. 양식 – 골동반, 어채, 떡찜, 우메기, 수삼말이

골동반
밥하기 – 파, 마늘 다지기 – 숙주는 데쳐 소금, 참기름 밑간하기 – 도라지 쓴맛 제거 후 볶기 – 애호박은 0.3×0.3×5cm로 채 썰어 절인 후 볶기 – 황·백지단 부친 후 채썰기 – 생선전 부친 후 5×1cm로 썰기 – 표고, 소고기 채 썰어 양념 후 볶기 – 고사리 5cm로 썰어 양념 후 볶기 – 다시마 튀겨 부시기 – 약고추장 만들기 – 고명으로 올릴 재료 남기고 밥에 남은 재료 넣고 섞어 소금, 참기름으로 밑간 – 그릇에 비빔밥을 담고 재료를 돌려 담은 후 튀긴 다시마 놓고 약고추장 올려 제출
▶ 소고기, 고사리, 표고양념 – 간장, 설탕, 다진 파, 다진 마늘, 깨, 후추, 참기름
▶ 약고추장 – 다진 소고기, 고추장 1T, 설탕 1t, 물

어채
생선은 포 떠서 밑간 – 황·백지단 부친 후 2×4cm로 썰기 – 오이, 표고, 홍고추 2×4cm로 썰기 – **석이는 그대로 손질하기** – 생선포, 오이, 표고, 홍고추, 석이는 전분을 묻혀 끓는 물에 데쳐 찬물에 헹구기를 2~3번 정도 반복하기 – 그릇에 재료를 돌려 담고 중앙에 생선을 담아 초고추장과 함께 제출
▶ 약고추장 – 고추장 1T, 식초 1T, 설탕 1/2T

떡찜
소고기 사태는 삶아 육수를 만들어 간하고 편육은 편썰기 – 흰 떡은 4cm로 썰어 십자로 칼집 넣고 데치기 – 무, 당근은 모서리 다듬어 살짝 삶기 – 파, 마늘 다지기 – 찜 양념 만들기 – 황·백지단 부치고 미나리초대 만들기 – 은행 볶기 – 소고기 우둔 다져 양념하여 칼집낸 떡 사이에 채우기 – 냄비에 양념장 넣고 떡, 무, 당근, 표고, 사태 넣고 졸이다 윤기나면 은행 넣고 마무리 – 그릇에 떡찜 옮겨 담고 마름모 꼴로 썰어 놓은 황·백지단, 미나리초대 올려 제출
▶ 소고기 양념 – 간장, 설탕, 다진 파, 다진 마늘, 깨, 후추, 참기름
▶ 찜 양념장 – 간장 2T, 설탕 1T, 다진 파, 다진 마늘, 깨, 후추, 참기름

우메기
집청 만들기 – 찹쌀가루, 멥쌀가루, 소금, 설탕 넣고 체에 내리기 – 가루에 막걸리 넣고 반죽하여 숙성 – 대추 고명 만들기 – 직경 0.8×4.5cm(1×5cm) 두께로 둥글게 만들어 130~150℃에서 튀기기 – 시럽에 담갔다 건져 고명 올려 제출

수삼말이
수삼은 4cm로 돌려 깎아 단촛물에 절이기 – 대추, 오이 3cm로 가늘게 채썰기 – 밤은 편, 배는 채썰기 – 수삼은 단촛물 제거한 다음 접시에 놓고 소 재료를 올려 2×4cm로 말기
▶ 단촛물 – 물 1/4C, 소금 2t, 식초 2T, 설탕 2T

2019. 9. 1. 일식, 복어 – 규아상, 대하잣즙무침, 찹쌀부꾸미, 오이감정, 죽순채

규아상
만두피 반죽하기 – 오이 0.2×3cm로 채 썰어 절이기 – 파, 마늘 다지기 – 소고기는 다지고 표고는 채 썰어 양념 – 오이, 표고, 소고기는 볶아 소 만들기 – 만두피는 8cm로 밀어 소와 잣을 넣고 주름 잡아 6개 빚어 찜통에 찌기 – 초간장과 함께 제출
▶ 소고기, 표고 양념 – 간장 2t, 설탕 1t, 다진 파, 다진 마늘, 깨, 후추, 참기름
▶ 초간장 – 간장 1T, 식초 1T, 설탕 1t, 물 1T

대하잣즙무침
소고기는 삶은 후 편육은 0.3×2×4cm로 썰기 – 대하는 내장 제거하여 데친 후 껍질을 벗기고 반으로 포 뜨기 – 오이는 0.3×2×4cm로 썰어 절인 후 볶기 – 죽순은 모양 살려 0.3×2×4cm로 썰어 데쳐서 볶기 – 잣즙소스 만들기 – 소스에 재료 넣어 버무린 후 그릇에 담아 제출
▶ 잣즙소스 – 잣가루 2T, 새우육수 2T, 소금, 참기름

찹쌀부꾸미
시럽 만들기 – 찹쌀가루에 소금을 넣고 익반죽하기 – 밤 껍질 벗긴 후 삶아 체에 내린 다음 소금, 계핏가루, 꿀을 넣어 밤소 만들기 – 반죽 떼어 5cm로 둥글 납작하게 빚기 – 팬에 5cm 크기로 반죽 익힌 후 밤소 넣고 반달모양으로 접어 지지기 – 대추꽃과 쑥갓 올려 시럽 얹고 그릇에 담아 제출
▶ 시럽 – 물 4T, 설탕 4T

오이감정
오이는 반으로 갈라 삼각으로 썰기 – 파, 마늘 다지기 – 청·홍고추, 대파, 어슷 썰기 – 소고기 편썰어 양념하기 – 냄비에 소고기 볶다가 물을 붓고 고추장 2T, 된장 1T를 체에 걸러 넣고 오이 넣어 끓이기 – 다진 마늘, 풋고추, 홍고추, 대파 넣고 한번 더 끓여 내기
▶ 소고기 양념 – 간장 2t, 설탕 1t, 다진 파, 다진 마늘, 깨, 후추, 참기름

죽순채
죽순은 빗살모양 살려 데치기 – 파, 마늘 다지기 – 초간장 만들기 – 황·백지단 부쳐서 채썰기 – 거두절미한 숙주, 미나리 5cm로 썰어 데치기 – 홍고추 0.3×0.3×5cm 채썰기 – 표고, 소고기 0.2×0.2×5cm로 채 썰어 양념 – 팬에 죽순, 홍고추, 표고, 소고기 순으로 볶기 – 모든 재료 초간장으로 버무려 그릇에 담고 황·백지단채 고명으로 올려 제출
▶ 소고기, 표고 양념 – 간장 2t, 설탕 1t, 다진 파, 다진 마늘, 깨, 후추, 참기름
▶ 초간장 – 간장 1T, 식초 1T, 설탕 1t, 물 1T

2019. 9. 2. 복어 – 대합구이, 어선, 도토리묵무침, 장떡, 흑임자죽

대합구이

파, 마늘 다지기 – 대합 해감 후 데쳐 내장을 제거하고 다진 다음 볶기 – 표고 다지고 양파 다진 후 볶기 – 두부, 소고기 다지기 – 황·백지단 부친 후 0.1×0.1×4cm로 채썰기 – 홍·풋고추 채 썰어 볶기 – 볶은 대합살, 표고, 양파, 두부, 소고기 섞어 양념해 소 만들기 – 대합 껍질에 밀가루 묻혀 소를 넣고 밀가루, 달걀 입힌 후 팬에 지지기 – 고명(황·백지단, 홍·풋고추) 올리고 석쇠에 다시 한번 구워내기
▶ 소 양념 – 소금, 다진 파, 다진 마늘, 깨, 후추, 참기름
※ 요구사항에 따라 고명을 다질 수도 있다.

어선

생강즙 만들기 – 생선포 떠서 소금, 후추, 생강즙으로 밑간하기 – 황·백지단 부쳐서 채 썰기 – 오이, 당근, 표고 채 썰어 볶기 – 김발 위에 면보를 깔고 밑간한 생선포를 빈틈없이 깔고 녹말가루 묻히기 – 그 위에 볶은 재료들 올린 다음 3cm 굵기로 단단히 말아 끝부분에 물 살짝 바르고 찜솥에 10분 정도 찌기 – 식힌 후 3×2cm로 6개 썰어 그릇에 담고 초간장과 함께 제출
▶ 표고버섯 양념 – 간장 1t, 설탕 1/2t, 참기름 1/2t
▶ 초간장 – 간장 1T, 식초 1T, 설탕 1t, 물 1T

도토리묵무침

도토리가루에 물 5C 정도를 넣고 쎈불에서 끓이다가 약불로 줄여 소금, 참기름을 넣고 묵 쑤어 틀에 담기 – 파, 마늘 다지기 – 오이, 당근은 길이로 반갈라 0.3×1.5×4cm로 어슷 썰기 – 쑥갓, 대파는 5cm 길이로 썰기 – 홍·풋고추 0.5×4cm로 어슷 썰기 – 식힌 묵은 1×3×4cm로 썰기 – 양념장에 재료를 넣고 무쳐 그릇에 담아 제출
▶ 양념장 – 고춧가루 2T, 간장 2T, 설탕 1T, 다진 파 1T, 다진 마늘 1/2T, 깨소금, 참기름

장떡

고추장, 된장을 되직하게 물에 풀어 체에 내려 양념장 만들기 – 찹쌀가루와 밀가루에 양념장을 섞어 되직하게 반죽하기 – 풋고추, 홍고추를 둥글게 고명으로 썰고 나머지는 씨를 빼고 다져 반죽에 섞기 – 팬에 0.6×5cm 두께로 지진 후 풋고추, 홍고추를 고명으로 올리기

흑임자죽

믹서기에 불린 쌀을 갈아 체에 내리기 – 흑임자도 갈아 체에 내리기 – 갈아 놓은 찹쌀과 흑임자를 넣고 끓이기 – 농도가 걸쭉해지면 소금, 설탕으로 간하여 그릇에 담아 제출

2019. 9. 7. 복어 – 삼계탕, 꽃게찜, 밀쌈, 삼색전(2), 강란(생란)

삼계탕
닭은 뱃속을 깨끗이 씻어 다리 안쪽에 칼집 넣기 – 밤, 찹쌀, 대추, 마늘을 닭 속에 넣고 다리가 서로 엇갈리게 끼운 다음 1시간 정도 끓이기 – 고명으로 황·백지단, 미나리초대 올려 제출

꽃게찜(2)
꽃게는 깨끗이 씻어 모래주머니와 아가미를 제거 후 몸통과 다리살 분리 후 물기를 제거하기 – 파, 마늘 다지기 – 두부 으깨기 – 게살과 두부 양념소 만들기 – 등딱지에 밀가루 바르기 – 소 넣기 – 찹쌀풀 만들기 – 대추 장미모양 만들기 – 찜통에 찌기 – 대추꽃 고명 올리기 – 뜸들이기

밀쌈
밀전병 반죽하여 숙성시키기 – 파, 마늘 다지기 – 오이 채 썰어 소금에 절인 후 볶기 – 당근 채 썰어 볶다가 소금 간하기 – 죽순 채 썰어 볶기 – 표고, 소고기 채 썰어 양념 – 황·백지단 부친 후 채썰기 – 밀전병은 사각팬에 10×20cm 크기로 3장 부치기 – 김발 위에 밀전병 놓고 볶아 놓은 재료 올리고 단단하게 말아 2×4cm로 썰기 – 초간장 만들어 함께 제출하기
▶ 초간장 – 간장 1T, 식초 1T, 설탕 1t, 물 1T

삼색전(1)
애호박은 0.5cm로 썰어 소금에 절인 후 밀가루, 달걀 입혀 지지기 – 새우는 머리, 꼬리쪽 물주머니를 떼어내고 내장 제거 후 꼬리쪽 껍질을 남기고 반 갈라 밀가루, 달걀물 묻혀 지지기 – 파, 마늘 다지기 – 표고 유장처리 하고 두부, 소고기 다져 양념하기 – 표고 안쪽에 밀가루 묻혀 소를 넣은 후 밀가루, 달걀 묻혀 지지기
▶ 소고기, 두부양념 – 소금, 다진 파, 다진 마늘, 깨, 후추, 참기름

강란(생란)
생강은 껍질 벗긴 후 강판에 갈아 건지와 생강즙을 따로 분리하기 – 잣가루 만들기 – 생강 건지와 설탕, 물을 넣고 졸이다가 생강, 녹말을 넣고 꿀을 넣어 마무리 – 쇠뿔 모양으로 빚어 잣가루 묻혀 제출

2020. 6. 20. 중식 – 두부전골, 대합찜, 월과채, 찰수수부꾸미, 고추소박이

두부전골

소고기사태 육수 만들고(국간장, 소금) 편육은 0.5×1.5×5cm로 썰기 – **소고기 우둔 1/2**은 다져 으깬 두부와 섞어 양념하여 완자 만들기 – **미나리 1/2 데치기** – 두부는 0.5×2.5×3cm로 잘라 전분 묻혀 지진 후 **다진 우둔살 1/2** 넣어 미나리로 묶기 – 무, 당근은 삶아 0.5×1.5×5cm로 썰기 – 표고, 데친 죽순 썰기 – **1/2 미나리는 초대 만들기** – 황·백지단 부치쳐 1.5×5cm로 썰기 – 전골냄비 바닥에 편육, 남은 무, 당근 깔고 준비한 재료와 두부 돌려 담고 가운데 완자 올려 육수를 부어 두부 속 고기를 **반드시** 익힌 후 제출
▶ 소고기 양념 – 소금, 다진 파, 다진 마늘, 깨, 후추, 참기름

대합찜

대합 해감하기 – 끓는물에 넣고 입이 벌어지면 살을 떼어내어 곱게 다지기 – 숙주 손질 후 데쳐 물기 제거하고 다지기 – 파, 마늘 다지기 – 두부 으깨고 소고기 다지기 – 손질한 재료 넣고 양념하여 소 만들기 – 대합 껍데기에 밀가루 묻히고 소를 채워 밀가루, 달걀물 입혀 찌기 – 황·백지단, 홍고추, 석이 손질해서 고명으로 올린 후 다시한번 쪄내기 – 초간장과 함께 제출
▶ 초간장 – 간장 1T, 식초 1T, 설탕 1t, 물 1T
※ 요구사항에 따라 고명을 채 썰어 사용한다.

월과채

찹쌀가루는 익반죽 하기 – 애호박은 반으로 갈라 눈썹 모양으로 속을 파서 0.3cm 길이로 썰어 절이기 – 황·백지단 부쳐 0.3×0.3×5cm 길이로 채썰기 – 느타리버섯은 데쳐 물기 제거 후 찢어서 소금, 참기름 – 소고기는 다지고 표고는 0.3×0.3×5cm 크기로 채 썰어 양념 – 홍고추 채썰기 – 팬에 찹쌀전병 부쳐 채썰기 – 애호박, 홍고추, 표고, 소고기 순으로 볶기 – 모든 재료 소금, 깨, 참기름으로 무쳐 그릇에 담아 제출
▶ 소고기, 표고 양념 – 간장 2t, 설탕 1t, 다진 파, 다진 마늘, 깨, 후추, 참기름
▶ 느타리버섯 양념 – 소금, 참기름

찰수수부꾸미

시럽 만들기 – 찹쌀가루와 수수가루에 소금을 넣고 익반죽하기 – 밤 껍질 벗긴 후 삶아 체에 내린 다음 소금, 계핏가루, 꿀을 넣어 밤소 만들기 – 반죽 떼어 5cm로 둥글 납작하게 빚기 – 팬에 5cm 크기로 반죽 익힌 후 밤소 넣고 반달모양으로 접어 지지기 – 대추꽃과 쑥갓 올려 시럽 얹고 그릇에 담아 제출
▶ 시럽 – 물 4T, 설탕 4T

고추소박이

풋고추는 양끝 1cm 남기고 길이로 칼집 넣은 다음 씨를 빼고 소금물에 절이기 – 마늘, 생강, 무는 2cm로 곱게 채썰기 – 쪽파, 부추 2cm로 썰기 – 마늘, 생강, 무, 쪽파, 부추, 멸치액젓, 소금 간하여 소 만들기 – 절여진 풋고추에 소를 넣고 잣 2~3알 넣기 – 그릇에 고추소박이를 담고 물 3T에 소금 간하여 자작하게 부어 제출한다.

2020. 6. 22. 양식 – 면신선로, 도미찜, 편수, 우메기떡, 타락죽

면신선로

양지머리는 삶아 육수 만들어 간하고(국간장, 소금) 편육은 편썬다 – 파, 마늘 다지기 – 소고기 0.3×2×5cm로 썰어 양념하기 – 죽순, 관자, 해삼 손질 후 썰어 데치기 – 새우는 데쳐서 껍질 제거 – 쑥갓, 쪽파 썰기 – 홍고추 0.3×2cm로 썰기 – 황·백지단, 미나리 초대 만들기 – 신선로 바닥에 편육을 깔고 육회 깔고 색을 맞춰 재료를 돌려 담고 육수를 부어 육회를 익히고 쑥갓을 넣고 살짝 익히기 – 국수는 삶아 토렴하여 따로 담아 제출하기
▶ 소고기채(육회) 양념 – 간장, 설탕, 다진 파, 다진 마늘, 깨, 후추, 참기름

도미찜(1)

도미는 아가미, 내장, 비늘 제거 후 깨끗이 씻어 2cm 간격으로 칼집 넣고 밑간 – 파, 마늘 다지기 – 소고기는 곱게 다진 후 양념하여 도미 칼집 사이에 끼운 다음 찜통에 15분 찌기 – 황·백지단 부쳐 0.1×4cm로 썰기 – 석이버섯, 홍·풋고추 채 썰어 볶기 – 쪄낸 도미 위에 홍고추, 황·백지단, 석이를 고명으로 올린 다음 다시 한번 찌기
▶ 도미 밑간 – 소금, 후추, 생강즙, 청주
▶ 소고기 양념 – 간장 2t, 설탕 1t, 다진 파, 다진 마늘, 깨, 후추, 참기름

편수

소고기는 향미채소를 넣고 끓여 육수 만들어 간하기 – 만두피 반죽하여 숙성 – 숙주는 데쳐서 송송 썰기 – 호박, 오이는 채 썰어 절이고 물기 제거 후 볶기 – 파, 마늘 다지기 – 소고기 곱게 다지고 표고는 채 썰어 양념하여 볶기 – 만두소 만들기(소고기, 표고, 애호박, 오이) – 만두피 8×8cm 크기로 7장 밀기 – 만두피에 만두소 넣고 잣 1알씩 넣어 네모지게 빚기 – 찜기에 쪄내기 – 그릇에 편수 담고 고명(황·백지단, 미나리초대)을 얹어 육수 약간 부어 제출
▶ 초간장 – 간장 1T, 식초 1T, 설탕 1t, 물 1T

우메기

집청 만들기 – 찹쌀가루, 멥쌀가루, 소금, 설탕 넣고 체에 내리기 – 가루에 막걸리 넣고 반죽하여 숙성 – 대추 고명 만들기 – 직경 0.8×4.5cm(1×5cm) 두께로 둥글게 만들어 130~150℃에서 튀기기 – 시럽에 담갔다 건져 고명 올려 제출

타락죽

갈아 놓은 멥쌀물을 체에 내린 후 끓이기 – 약불로 줄인 후 우유를 붓고 멍울이 생기지 않도록 고루 섞어가며 끓이기 – 설탕과 소금으로 간 맞추고 한소끔 더 끓여 그릇에 담아 제출

2020. 6. 25. 복어 – 두부전골, 편수, 소갈비구이, 우엉잡채, 메밀전병

두부전골
소고기사태 육수 만들고(국간장, 소금) 편육은 0.5×1.5×5cm로 썰기 – **소고기 우둔 1/2**은 다져 으깬 두부와 섞어 양념하여 완자 만들기 – **미나리 1/2 데치기** – 두부는 0.5×2.5×3cm로 잘라 전분 묻혀 지진 후 **다진 우둔살 1/2** 넣어 미나리로 묶기 – 무, 당근은 삶아 0.5×1.5×5cm로 썰기 – 표고, 데친 죽순 썰기 – **1/2 미나리는 초대 만들기** – 황·백지단 부치쳐 1.5×5cm로 썰기 – 전골냄비 바닥에 편육, 남은 무, 당근 깔고 준비한 재료와 두부 돌려 담고 가운데 완자 올려 육수를 부어 두부 속 고기를 **반드시** 익힌 후 제출
▶ 소고기 양념 – 소금, 다진 파, 다진 마늘, 깨, 후추, 참기름

편수
소고기는 향미채소를 넣고 끓여 육수 만들어 간하기 – 만두피 반죽하여 숙성 – 숙주는 데쳐서 송송 썰기 – 호박, 오이는 채 썰어 절이고 물기 제거 후 볶기 – 파, 마늘 다지기 – 소고기 곱게 다지고 표고는 채 썰어 양념하여 볶기 – 만두소 만들기(소고기, 표고, 애호박, 오이) – 만두피 8×8cm 크기로 7장 밀기 – 만두피에 만두소 넣고 잣 1알씩 넣어 네모지게 빚기 – 찜기에 쪄내기 – 그릇에 편수 담고 고명(황·백지단, 미나리초대)을 얹어 육수 약간 부어 제출
▶ 초간장 – 간장 1T, 식초 1T, 설탕 1t, 물 1T

소갈비구이
갈비 핏물 제거 후 0.5cm 두께로 포 뜨기 – 앞뒤로 잔칼집 넣기 – 파, 마늘 다지기 – 양념장에 재우기 – 잣가루 만들기 – 달군 석쇠에 소갈비를 굽다가 거의 익을 무렵 남은 양념장을 더 발라 굽기 – 고명으로 잣가루 올리기
▶ 소갈비양념 – 간장 2T, 배즙 2T, 양파즙 2T, 설탕 1T, 다진 파, 다진 마늘, 깨, 후추, 참기름

우엉잡채
우엉은 0.3×0.3×6cm로 채 썰어 끓는 물에 식초 넣고 데치기 – 팬에 우엉채를 볶다가 간장, 설탕, 물을 넣고 졸이기 – 숙주, 미나리를 데친 후 소금, 참기름으로 밑간하고 표고는 채 썰어 양념하기 – 양파, 청피망, 홍고추 0.3×6cm로 채 썰어 볶기 – 볼에 볶은 재료와 깨, 참기름 넣어 무친 후 그릇에 담아 제출
▶ 표고버섯 양념 – 간장, 설탕, 참기름

메밀전병
메밀가루, 밀가루는 체친 후 소금물로 반죽하여 숙성 – 숙주, 미나리는 데친 후 송송 썰어 물기 제거 – 무는 채 썰어 볶다가 양념 – 김치는 송송 썰어 양념 – 표고는 불린 후 채 썰어 양념 후 볶기 – 소 만들기(숙주, 미나리, 무, 김치, 표고) – 사각팬에 10×20cm 크기로 길게 3장 정도 부치기 – 소를 넣고 말아서 3×4cm로 썰어 접시에 8개 이상 담아 제출
▶ 무 양념 – 소금, 다진 파, 다진 마늘, 깨, 참기름
▶ 김치 양념 – 다진 파, 다진 마늘, 깨, 참기름
▶ 표고 양념 – 간장, 설탕, 참기름

2020. 6. 26. 복어 – 궁중닭찜, 조랭이떡국, 삼색밀쌈, 서여향병, 사슬적

궁중닭찜

파, 마늘 다지기 – 손질한 닭은 향미채소 넣고 육수 만든 다음 닭살은 찢어 양념하기 – 표고, 목이, 석이버섯은 채썰기 – 물녹말 만들기 – 달걀 풀어 놓기 – 냄비에 육수를 넣고 끓이다가 소금, 후추로 간하고 표고, 목이를 넣고 끓이기 – 물녹말을 넣고 투명하게 끓으면 닭살을 넣고 줄알치기 – 그릇에 담아 고명으로 석이 올려 제출
▶ 닭살 양념 – 소금, 다진 파, 다진 마늘, 후추, 참기름

조랭이떡국

육수 만들어 간하고(국간장, 소금) 편육은 3cm로 채썰기 – 멥쌀가루 1C에 소금물 넣고 체에 내려 찜통에 쪄내기 – 황·백지단 부친 후 3cm 마름모꼴로 썰기 – 찐 멥쌀가루는 잘 치대어 1.5×2.5cm 크기의 누에고치 모양으로 15개 만들기 – 육수에 조랭이 떡을 넣고 끓으면 그릇에 담고 황·백지단과 미나리초대를 고명으로 얹어 제출
※ 요구사항에 따라 고명을 채로 올릴 수 있다.

삼색밀쌈

치자는 반으로 갈라 즙 내기 – 강판 안에 소창 놓고 오이, 당근을 갈아 즙 내어 삼색 반죽 만들기 – 파, 마늘 다지기 – 황·백지단 부친 후 채썰기 – 오이, 당근 0.2×2×5cm로 채 썰어 볶기 – 소고기, 표고 0.2×2×5cm로 채 썰어 양념 후 볶기 – 삼색 밀전병은 각각 10×20cm 정도로 부친 다음 볶아 놓은 재료를 올려 단단하게 말아 4cm 길이로 썰기 – 그릇에 3개씩 담고 초간장 만들어 함께 제출
▶ 초간장 – 간장 1T, 식초 1T, 설탕 1t, 물 1T

서여향병

마는 깨끗이 씻어 껍질을 벗기고 0.5×5cm로 어슷 썰어 찌기 – 대추꽃 만들기 – 찹쌀가루 체에 내리기 – 찐 마는 꿀에 재운 후 찹쌀가루 묻히기 – 팬에 익혀내고 잣가루 묻히기 – 대추, 쑥갓을 고명으로 올린 후 제출

사슬적

생강즙 만들고 파, 마늘 다지기 – 흰살생선 0.5×1×8cm로 6개 썰어 소금, 후추, 생강즙 – 두부는 으깨고 소고기는 다져 양념하여 0.5×1×8cm로 4개 만들기 – 꼬치에 생선, 고기를 번갈아 가며 끼운 다음 고기와 생선 사이에 밀가루를 묻혀 팬에 지지기 – 잣가루 만들기 – 꼬치를 빼고 사슬적에 잣가루 올려 제출
▶ 소고기 양념 – 소금, 다진 파, 다진 마늘, 깨, 후추, 참기름

2020. 6. 29. 복어 – 초교탕, 섭산삼, 어선, 석류김치, 삼색전

초교탕
깨끗이 씻은 닭에 향미채소를 넣고 끓인 다음 육수는 간하고 닭살은 찢어 놓기 – 소고기는 곱게 다지기 – 도라지 채썰기 – 미나리 3cm로 썰고 표고 채썰기 – 볼에 모든 재료와 밀가루, 달걀을 섞고 양념하여 반죽하기 – 닭육수가 끓으면 반죽을 한 수저씩 떠 넣고 끓어 오르면 소금, 참기름, 후추로 간하여 마무리

섭산삼
더덕은 껍질 제거 후 깨끗이 손질 – 5cm 길이로 잘라 소금물에 절이기 – 물기 제거 후 방망이로 두드려 찹쌀가루 묻히기 – 150~160℃에 하얗게 튀기기 – 기름 제거 후 접시에 담고 꿀과 함께 제출

어선
생강즙 만들기 – 생선포 떠서 소금, 후추, 생강즙으로 밑간하기 – 황·백지단 부쳐서 채썰기 – 오이, 당근, 표고 채 썰어 볶기 – 김발 위에 면보를 깔고 밑간한 생선포를 빈틈없이 깔고 녹말가루 묻히기 – 그 위에 볶은 재료들 올린 다음 3cm 굵기로 단단히 말아 끝부분에 물 살짝 바르고 찜솥에 10분 정도 찌기 – 식힌 후 3×2cm로 6개 썰어 그릇에 담고 초간장과 함께 제출
▶ 표고버섯 양념 – 간장 1t, 설탕 1/2t, 참기름 1/2t
▶ 초간장 – 간장 1T, 식초 1T, 설탕 1t, 물 1T

석류김치
배추는 **굵은 소금**에 절이기 – 무는 밑부분 1cm를 남기고 위쪽 1×1cm 간격으로 칼집을 넣어 소금물에 절이기 – 표고, 무, 밤, 대추, 마늘, 생강, 석이는 0.1×1cm 크기로 가늘게 채썰기 – 실고추는 1cm 길이로 손질 – 모든 재료를 섞어 소를 만든 다음 절인 무 사이에 넣기 – 절인 배추로 무를 감싸 그릇에 담고 김치 국물 부어 제출
▶ 김치 국물 – 물 1C, 소금 1t
※ 굵은 소금이 나오므로 굵은 소금으로 배추를 절인다.

삼색전(1)
애호박은 0.5cm로 썰어 소금에 절인 후 밀가루, 달걀 입혀 지지기 – 새우는 머리, 꼬리쪽 물주머니를 떼어내고 내장 제거 후 꼬리쪽 껍질을 남기고 반 갈라 밀가루, 달걀물 묻혀 지지기 – 파, 마늘 다지기 – 표고 유장처리 하고 두부, 소고기 다져 양념하기 – 표고 안쪽에 밀가루 묻혀 소를 넣은 후 밀가루, 달걀 묻혀 지지기
▶ 소고기, 두부양념 – 소금, 다진 파, 다진 마늘, 깨, 후추, 참기름

2020. 9. 3. – 구절판, 사슬적, 잣구리, 석류탕, 보쌈김치

구절판
밀가루와 물은 동량으로 하여 밀전병 반죽하기 – 파, 마늘 다지기 – 오이, 당근, 석이 0.2×0.2×5cm로 썰어 볶기 – 표고, 소고기 채 썰어 양념해서 볶기 – 숙주는 거두절미하여 데친 후 소금, 참기름 – 황·백지단 부친 후 채썰기 – 밀전병 직경 6cm로 7개 부치기 – 그릇에 손질해둔 재료 담고 가운데 밀전병 올려 제출
▶ 소고기, 표고 양념 – 간장 2t, 설탕 1t, 다진 파, 다진 마늘, 깨, 후추, 참기름
※ 밀전병 직경은 요구사항에 따라 다를 수 있다.

사슬적
생강즙 만들고 파, 마늘 다지기 – 흰살생선 0.5×1×8cm로 6개 썰어 소금, 후추, 생강즙 – 두부는 으깨고 소고기는 다져 양념하여 0.5×1×8cm로 4개 만들기 – 꼬치에 생선, 고기를 번갈아 가며 끼운 다음 고기와 생선 사이에 밀가루를 묻혀 팬에 지지기 – 잣가루 만들기 – 꼬치를 빼고 사슬적에 잣가루 올려 제출
▶ 소고기 양념 – 소금, 다진 파, 다진 마늘, 깨, 후추, 참기름

잣구리
찹쌀가루 소금물로 익반죽 – 밤은 껍질 제거 후 삶아 체에 내려 계핏가루, 꿀을 넣고 소 만들기 – 깨, 소금, 계핏가루, 꿀 넣고 깨소 만들기 – 잣가루 만들기 – 반죽에 소를 넣고 2×4cm 크기의 누에고치 모양으로 빚어 끓는 물에 삶아 물기 제거 후 잣가루 묻히기
▶ 밤소 – 밤, 계핏가루, 꿀
▶ 깨소 – 깨, 소금, 계핏가루, 꿀

석류탕
소고기 사태, 향미채소 넣고 끓여 장국 만들기 – 파, 마늘 다지기 – 만두피 반죽하기 – 미나리, 숙주 데친 후 송송 썰기 – 무 채 썰어 데치기 – 소고기 우둔, 닭고기 다지고, 두부 으깨기 – 표고 채썰기 – 손질한 재료 섞어 양념하여 만두 소 만들기 – 황·백지단 부쳐 마름모꼴로 썰기 – 만두피 6cm로 얇게 썰어 소 넣고 복주머니 모양으로 접어 잣을 위에 꽂아 넣고 장국에 익히기 – 장국과 만두를 담고 황·백지단 고명으로 올려 제출
▶ 만두소 양념 – 소금, 다진 파, 다진 마늘, 깨, 후추, 참기름

보쌈김치
무는 0.3×3×3cm로 썰어 절이기 – 절인 배추 줄기 부분은 3×3cm로 썰고 잎부분은 보쌈용으로 사용하기 – 마늘, 생강 채썰기 – 미나리, 쪽파, 갓은 3cm로 썰고 밤, 배는 편 썰기 – 굴, 낙지는 소금물에 씻어 3cm로 썰기 – 고명으로 대추채, 석이채, 잣 준비하기 – 볼에 고명을 제외한 재료를 넣고 양념에 버무리기 – 제출 접시에 배추잎을 바깥으로 말고 양념에 버무린 소를 담고 고명을 올린 후 국물을 부어 제출하기
▶ 양념 – 고춧가루 2T, 새우젓 1T, 물 1T, 소금
※ 실고추가 나오면 고명으로 사용한다.

2020. 9. 4. 복어 – 흑임자죽, 밀쌈, 도미면, 닭겨자냉채, 만두과

흑임자죽
믹서기에 불린 쌀을 갈아 체에 내리기 – 흑임자도 갈아 체에 내리기 – 갈아 놓은 찹쌀과 흑임자를 넣고 끓이기 – 농도가 걸쭉해지면 소금, 설탕으로 간하여 그릇에 담아 제출

밀쌈
밀전병 반죽하여 숙성시키기 – 파, 마늘 다지기 – 오이 채 썰어 소금에 절인 후 볶기 – 당근 채 썰어 볶다가 소금 간하기 – 죽순 채 썰어 볶기 – 표고, 소고기 채 썰어 양념 – 황·백지단 부친 후 채썰기 – 밀전병은 사각팬에 10×20cm 크기로 3장 부치기 – 김발 위에 밀전병 놓고 볶아 놓은 재료 올리고 단단하게 말아 2×4cm로 썰기 – 초간장 만들어 함께 제출하기
▶ 초간장 – 간장 1T, 식초 1T, 설탕 1t, 물 1T

도미면
도미는 등쪽만 위아래 포떠서 밑간한 다음 밀가루, 달걀 입혀 지지기 – 소고기는 육수 만든 다음 편육은 2×4cm로 썰기 – 파, 마늘 다지기 – **소고기 우둔 1/3은 다져** 으깬 두부와 섞어 완자 양념하기 – **우둔 2/3은 채 썰어 양념하기** – 표고는 2×4cm로 썰어 양념하고 목이도 손질 후 양념하기 – 황·백지단, 미나리초대, 석이지단 부쳐 2×4cm로 썰기 – 쑥갓 4cm로 썰고 호두, 은행, 잣 손질하기 – 당면 삶기 – 도미 머리와 뼈에 밀가루, 달걀 입힌 후 팬에 지지기 – 냄비에 편육, **소고기채(육회) 깔고 손질한 재료 담은 후** 지져낸 도미뼈 위에 생선전 올리기 – 앞쪽에 목이, 당면, 쑥갓 올리고 생선전 위에 호두, 은행, 잣을 올린 후 육수 부어 소고기채 익혀 제출

닭겨자냉채
닭고기는 향미채소를 넣고 삶아 찢어 놓기 – 겨자 발효시키기 – 황·백지단 부친 후 1×4cm로 썰기 – 오이, 당근, 배는 0.3×1×4cm로 썰어 단촛물 담구기 – 밤은 편썰어 설탕물에 담갔다 건지기 – 겨자장 만들어 모든 재료 무쳐내기
▶ 단촛물 – 물 1C, 설탕 2T, 식초 2T, 설탕 1t

만두과
집청 만들고 생강즙 만들기 – 밀가루, 소금, 계핏가루, 후추 넣고 비벼 체에 내리기 – 참기름, 청주, 물엿 넣고 다시 체에 내린 다음 반죽하여 숙성하기 – 대추소 만들기 – 비늘잣 만들기 – 송편모양으로 빚어 끝부분을 밧줄처럼 꼬아주기 – 120℃~150℃에서 튀기기 – 집청에 담갔다 체에 받친 후 그릇에 담고 비늘잣을 고명으로 올리기
▶ 대추소 – 대추 5개, 꿀, 계핏가루
▶ 집청 재료 – 생강즙, 설탕, 꿀

2020. 9. 6. 복어 – 석류탕, 궁중닭찜, 도토리묵무침, 느타리버섯산적, 찰수수부꾸미

석류탕
소고기 사태, 향미채소 넣고 끓여 장국 만들기 – 파, 마늘 다지기 – 만두피 반죽하기 – 미나리, 숙주 데친 후 송송 썰기 – 무 채 썰어 데치기 – 소고기 우둔, 닭고기 다지고, 두부 으깨기 – 표고 채썰기 – 손질한 재료 섞어 양념하여 만두 소 만들기 – 황·백지단 부쳐 마름모꼴로 썰기 – 만두피 6cm로 얇게 썰어 소 넣고 복주머니 모양으로 접어 잣을 위에 꽂아 넣고 장국에 익히기 – 장국과 만두를 담고 황·백지단 고명으로 올려 제출
▶ 만두소 양념 – 소금, 다진 파, 다진 마늘, 깨, 후추, 참기름

궁중닭찜
파, 마늘 다지기– 손질한 닭은 향미채소 넣고 육수 만든 다음 닭살은 찢어 양념하기 – 표고, 목이, 석이버섯은 채썰기 – 물녹말 만들기 – 달걀 풀어 놓기 – 냄비에 육수를 넣고 끓이다가 소금, 후추로 간하고 표고, 목이를 넣고 끓이기 – 물녹말을 넣고 투명하게 끓으면 닭살을 넣고 줄알치기 – 그릇에 담아 고명으로 석이 올려 제출
▶ 닭살 양념 – 소금, 다진 파, 다진 마늘, 후추, 참기름

도토리묵무침
도토리가루에 물 5C 정도를 넣고 쎈불에서 끓이다가 약불로 줄여 소금, 참기름을 넣고 묵 쑤어 틀에 담기 – 파, 마늘 다지기 – 오이, 당근은 길이로 반갈라 0.3×1.5×4cm로 어슷 썰기 – 쑥갓, 대파는 5cm 길이로 썰기 – 홍·풋고추 0.5×4cm로 어슷 썰기 – 식힌 묵은 1×3×4cm로 썰기 – 양념장에 재료를 넣고 무쳐 그릇에 담아 제출
▶ 양념장 – 고춧가루 2T, 간장 2T, 설탕 1T, 다진 파 1T, 다진 마늘 1/2T, 깨소금, 참기름

느타리버섯산적
버섯은 손질 후 데쳐 물기 제거 후 소금, 참기름으로 밑간 – 쪽파 6cm로 썰어 소금, 참기름 밑간 – 파, 마늘 다지기 – 소고기 0.5×0.8×8cm로 썰어 양념 – 꼬치에 버섯, 쪽파, 고기, 버섯, 쪽파, 고기, 쪽파, 버섯 순으로 끼워 약불에서 지진 후 꼬치 제거하여 접시에 담아 제출

찰수수부꾸미
시럽 만들기 – 찹쌀가루와 수수가루에 소금을 넣고 익반죽하기 – 밤 껍질 벗긴 후 삶아 체에 내린 다음 소금, 계핏가루, 꿀을 넣어 밤소 만들기 – 반죽 떼어 5cm로 둥글 납작하게 빚기 – 팬에 5cm 크기로 반죽 익힌 후 밤소 넣고 반달모양으로 접어 지지기 – 대추꽃과 쑥갓 올려 시럽 얹고 그릇에 담아 제출
▶ 시럽 – 물 4T, 설탕 4T

2000~2020년 조리기능장 기출문제

2000년
1. 호박죽, 면신선로, 삼색밀쌈, 삼색전(호박전, 표고전, 생선전), 원소병
2. 어선, 매듭자반, 오이선, 장산적, 오징어솔방울구이

2001년
1. 호두튀김, 생율, 대추초, 북어구이, 은행구이
2. 편수, 두부선, 갈비구이, 밤초, 대추초
3. 버섯죽, 월과채, 대합구이, 준치만두, 주악

2002년
1. 온면, 장김치, 파전, 새우겨자채, 편육, 어채
2. 병시, 겨자채, 양동구리, 두부전골, 떡수단
3. 전복죽, 용봉탕, 사슬적, 취나물무침, 장김치
4. 석류탕, 야채구절판, 사슬적, 잣구리

2003년
1. 도미찜, 아욱국, 영양밥, 닭냉채, 느타리산적, 대추초
2. 무말이강회, 우설찜, 오징어순대, 과편, 깨즙채

2004년
1. 밀쌈, 도라지정과, 석류탕, 도미찜
2. 어만두, 삼색매작과, 게감정, 대하찜, 월과채

2005년

상반기
(양식) 장김치, 나박김치, 석류만두, 어만두 율란, 조란
(중식) 신선로, 양동구리, 떡수단, 삼색북어보푸라기, 월과채, 미나리강회, 오이감정, 옥수수전, 청포묵무침, 임자수탕

하반기
(중식) 골동반, 어채, 우메기, 무맑은국, 떡찜
(양식) 과편, 오징어순대, 우설찜, 깨즙채, 무말이강회
(일식) 편수, 소갈비구이, 대추초, 밤초, 두부선

2006년

상반기
(양식) 어만두, 월과채, 대하찜, 매작과, 게감정
(중식) 용봉탕, 취나물볶음, 사슬적, 전복죽, 장김치
(일식) 병시, 떡수단, 두부전골, 양동구리, 죽순채

하반기
(양식) 미역자반, 너비아니구이, 갈치조림, 보리새우아욱된장국, 명란젓찌개, 녹두전, 부추김치, 배추김치
(중식) 도미찜, 도라지정과, 밀쌈, 석류탕, 대하잣즙무침
(일식) 조랭이떡국, 섭산삼, 삼색전(호박전, 새우전, 생선전), 대하찜

2007년

상반기
(양식) 호박죽, 삼색밀쌈, 삼색전(생선전, 표고전, 애호박전), 면신선로, 원소병(후식)
(중식) 어만두, 모약과, 장김치, 소고기편채, 대추초
(일식, 복어) 밀쌈, 어만두, 삼계탕, 떡갈비

하반기
(양식) 구절판
〈마른 안주〉 호두튀김, 매듭자반튀김, 생율, 은행꼬지
〈젖은 안주〉 오징어솔방울구이, 북어구이, 오이선, 어선, 장산적
(중식) 편수, 두부선, 모약과
(일식, 복어) 율란, 조란, 석류탕, 장김치, 두부선, 어만두

2008년

상반기
(양식) 온면, 파전, 매운닭찜, 새우겨자채, 양지머리편육, 장김치
(중식) 대합구이, 월과채, 삼색주악(딸기, 치자, 쑥), 버섯죽, 준치만두
(일식) 석류탕, 사슬적, 구절판, 잣구리
(복어) 대추죽, 영양밥과 아욱된장국, 도미찜, 느타리버섯산적, 닭고기겨자채

하반기
(양식) 규아상, 임자수탕, 연근정과
(중식) 삼색밀쌈, 삼색전(표고전, 호박전, 생선전), 면신선로, 원소병, 호박죽
(복어) 신선로, 율란, 조란

2009년

상반기
- **(양식)** 임자수탕, 옥수수전, 미나리강회, 청포묵, 오이감정
- **(중식)** 조랭이떡국, 대합찜, 삼색전(호박전, 새우전, 생선전), 섭산삼
- **(일식)** 어만두, 밀쌈, 삼계탕, 떡갈비
- **(복어)** 신선로, 양동구리, 떡수단, 월과채, 삼색북어보푸라기
- **(양식)** 석류탕, 도미찜, 대하잣즙무침, 밀쌈, 도라지정과
- **(일식)** 율란, 조란, 석류탕, 두부선, 장김치, 어만두
- **(복어)** 어만두, 월과채, 대하찜, 삼색매작과, 게감정
- **(중식)** 대추죽, 영양밥과 아욱된장국, 도미찜, 느타리버섯산적, 닭고기겨자채

2010년

상반기
- **(양식)** 석류탕, 잣구리, 사슬적, 구절판
- **(중식)** 어만두, 모약과, 장김치, 대추죽, 소고기편채
- **(일식)** 신선로, 율란, 조란
- **(복어)** 용봉탕, 전복죽, 사슬적, 취나물무침, 장김치

하반기
- **(양식)** 버섯죽, 어만두, 월과채, 대합구이, 주악
- **(중식)** 어만두, 장김치, 율란, 조란, 두부선, 석류탕
- **(복어)** 호박죽, 면신선로, 삼색밀쌈, 삼색전, 원소병
- **(일식)** 편수, 소갈비구이, 대추초, 밤초, 두부선

2011년

상반기
- **(양식)** 떡갈비, 밀쌈, 삼계탕, 어만두
- **(중식)** 궁중닭찜, 꽃게찜(1), 장김치, 장떡, 백합죽
- **(일식)** 석류탕, 밀쌈, 도미찜, 도라지정과, 대하잣즙무침
- **(복어)** 병시, 떡수단, 두부전골, 양동구리, 죽순채

하반기
(양식) 석류탕, 강란, 떡찜, 녹두죽, 도라지대추나물
(중식) 어선, 연근정과, 임자수탕, 규아상, 율란
(일식) 조랭이떡국, 대합찜, 삼색전, 섭산삼, 무맑은국
(복어) 골동반, 어채, 우메기, 떡찜, 무맑은국

2012년

상반기
(복어) 면신선로, 대합구이, 어채, 우메기, 편수
(양식) 어만두, 매작과, 월과채, 대하냉채, 게감정
(중식) 사슬적, 잣구리, 두부전골, 떡갈비, 도라지정과
(일식) 모약과, 장김치, 어만두, 대추죽, 소고기편채

하반기
(중식) 골동반, 석류탕, 월과채, 도라지정과, 꽃게감정
(양식) 대추죽, 닭겨자냉채, 아욱국, 느타리버섯고추전, 도미찜
(복어) 삼색밀쌈, 숙주채, 떡찜, 조랭이떡국, 새우잣즙무침
(일식) 두부선, 소갈비구이, 밤초, 대추초, 편수

2013년

상반기
(중식, 일식) 율란, 조란, 어만두, 두부선, 석류탕, 장김치
(중식) 월과채, 대합구이, 주악, 준치만두, 버섯죽
(양식) 구절판, 사슬적, 석류탕, 잣구리
(복어) 궁중닭찜, 꽃게찜(1), 장김치, 장떡, 백합죽

하반기
(양식) 떡갈비구이, 삼계탕, 밀쌈, 어만두
(중식) 임자수탕, 율란, 연근정과, 어선, 규아상
(복어) 가지선, 우메기떡, 삼계탕, 사슬적, 꽃게찜(1)
(일식) 삼색밀쌈, 삼색전(표고전, 호박전, 생선전), 면신선로, 원소병, 호박죽
(중식) 두부전골, 떡수단, 양동구리, 죽순채, 병시

2014년

상반기

(일식, 복어) 조랭이떡국, 삼색전(호박전, 생선전, 새우전), 월과채, 대합찜
(중식) 어채, 느타리버섯산적, 강란, 궁중닭찜, 조랭이떡국
(복어) 어만두, 모약과, 대추죽, 소고기편채, 양동구리
(양식) 밀쌈, 대하잣즙무침, 도미찜, 석류탕, 도라지정과
(양식) 무맑은국, 우메기, 떡찜, 골동반, 어채

2015년

상반기

(중식) 임자수탕, 닭고기겨자채, 도미찜, 영양밥, 섭산삼
(중식, 일식) 궁중닭찜, 삼색밀쌈, 숙주채, 대하잣즙무침, 조랭이떡국
(복어) 면신선로, 우메기, 어채, 편수, 대합구이
(양식) 골동반, 석류탕, 소고기편채, 도라지정과, 게감정
(양식, 복어) 오이감정, 대하잣즙무침, 죽순채, 규아상, 수수부꾸미

하반기

(중식) 석류탕, 느타리버섯산적, 궁중닭찜, 수수부꾸미, 가지선
(일식) 대합구이, 주악, 버섯죽, 월과채, 준치만두
(복어) 삼계탕, 어채, 꽃게찜(1), 강란, 메밀만두
(양식) 구절판, 사슬적, 잣구리, 석류탕, 보쌈김치
(양식, 복어) 양동구리, 죽순채, 두부전골, 닭온반, 떡수단

2016년

상반기

(중식) 삼색석류탕, 개성주악(우메기), 숙주채, 연계초, 장김치
(일식) 모약과, 양동구리, 소고기편채, 어만두, 타락죽
(복어) 규아상, 소고기편채, 임자수탕, 구절판, 율란
(양식) 월과채, 궁중닭찜, 우메기, 사슬적, 석류탕

하반기
(중식) 도미면, 밀쌈, 만두과, 흑임자죽, 닭겨자냉채
(일식, 복어) 면신선로, 삼색전, 원소병, 호박죽, 닭북어찜(소금으로 간함)
(복어) 두부전골, 편수, 소갈비구이, 우엉잡채, 메밀전병
(양식) 떡갈비구이, 섭산삼, 어만두, 밀쌈, 가지선
(복어) 삼색전, 조랭이떡국, 월과채, 만두과, 대합찜

2017년

상반기
(중식) 우메기, 용봉탕, 장산적, 대합찜, 가지선
(일식, 복어) 도미찜, 밀쌈, 대하잣즙무침, 도라지정과, 석류탕
(복어) 닭북어찜, 삼색밀쌈, 조랭이떡국, 사슬적, 서여향병(마떡)
(양식) 소갈비구이, 장떡, 꽃게찜(1), 애탕국, 수삼말이

하반기
(중식) 어선, 용봉탕, 율란, 소고기편채, 떡찜
(일식, 복어) 수수부꾸미, 호박죽, 규아상, 삼계탕, 구절판
(복어) 면신선로, 대합찜, 타락죽, 닭고기겨자채, 메밀전병
(양식) 규아상, 골동반, 해삼전, 모약과, 궁중닭찜

2018년

상반기
(중식) 두부선, 닭온반, 편수, 소갈비구이, 섭산삼
(일식, 복어) 어만두, 월과채, 계감정, 대하잣즙무침, 메밀전병
(복어) 떡갈비구이, 사슬적, 잣구리, 두부전골, 도라지정과
(양식) 가지선, 두부전골, 우메기, 월과채, 흑임자죽

하반기
(중식) 만두과, 전복죽, 용봉탕, 오징어순대, 장김치
(일식, 복어) 규아상, 계감정, 우메기, 구절판, 김치적
(복어) 떡갈비구이, 사슬적, 잣구리, 두부전골, 도라지정과
(양식) 가지선, 두부전골, 우메기, 월과채, 흑임자죽

2019년

상반기
(중식) 석류탕, 죽순채, 흑임자죽, 오징어순대, 감자정과
(일식, 복어) 닭온반, 양동구리, 죽순채, 도토리묵무침, 떡수단
(복어) 두부선, 약식, 보쌈김치, 석류탕, 삼색전
(양식) 면신선로, 석류김치, 우엉잡채, 섭산삼, 대합구이

하반기
(중식) 두부선, 소고기편채, 게감정, 고추소박이, 잣구리
(양식) 골동반, 어채, 우메기, 수삼말이, 떡찜
(일식, 복어) 오이감정, 죽순채, 찹쌀부꾸미, 대하잣즙무침, 규아상
(복어) 도토리묵, 장떡, 흑임자죽, 어선, 대합구이
(복어) 꽃게찜, 삼계탕, 삼색전(새우전, 깻잎전, 애호박전), 강란, 밀쌈

2020년

상반기
(중식) 두부전골, 대합찜, 월과채, 찰수수부꾸미, 고추소박이
(양식) 면신선로, 도미찜, 편수, 우메기떡, 타락죽
(복어) 두부전골, 편수, 소갈비구이, 우엉잡채, 메밀전병
(복어) 궁중닭찜, 조랭이떡국, 삼색밀쌈, 서여향병, 사슬적
(복어) 초교탕, 섭산삼, 어선, 석류김치, 삼색전

하반기
구절판, 사슬적, 잣구리, 석류탕, 보쌈김치
(복어) 흑임자죽, 밀쌈, 도미면, 닭겨자냉채, 만두과
(복어) 석류탕, 궁중닭찜, 도토리묵무침, 느타리버섯산적, 찰수수부꾸미

조리기능장 자격시험 안내

1. 시행처 : 한국산업인력공단(www.q-net.or.kr)

2. 취득방법

1) 시험일자(2021년)

구분	필기원서 접수	필기시험	필기합격	실기원서 접수	실기시험	최종 합격 발표일
상반기	2.2~2.5	2.20	2.26	3.2~3.5	4.3~4.23	4.30
하반기	6.8~6.11	7.4	7.16	7.19~7.22	8.21~9.8	9.17

2) 시험과목

필기 : 공중보건, 식품위생 및 관련법규, 식품학, 조리이론 및 급식관리
실기 : 조리작업

3. 검정방법 및 합격기준

구분	조리기능장
검정방법	필기 : 객관식 4지 택일형 60문항(60분)　실기 : 작업형(5시간 정도)
합격기준	필기 : 100점 만점에 60점 이상　실기 : 100점 만점에 60점 이상

4. 응시자격 조건 체계

기술사
- 기사 취득 후 + 실무능력 4년
- 산업기사 취득 후 + 실무능력 5년
- 기능사 취득 후 + 실무경력 7년
- 4년제 대졸(관련 학과) 후 + 실무경력 6년
- 동일 및 유사 직무 분야의 다른 종목 기술사 등급 취득자

기능장
- 산업기사(기능사) 취득 후 + 기능대 기능장 과정 이수
- 산업기사 등급 이상 취득 후 + 실무경력 5년
- 기능사 취득 후 + 실무경력 7년
- 응시 종목과 동일 및 유사 직무 분야 실무경력 9년 등
- 동일 및 유사 직무 분야의 다른 종목 기능장 등급 취득자
- 외국에서 동일 종목 자격증 취득자

기사
- 산업기사 취득 후 + 실무능력 1년
- 기능사 취득 후 + 실무경력 3년
- 대졸(관련 학과) 또는 졸업 예정자
- 2년제 전문대졸(관련 학과) 후 + 실무경력 2년
- 3년제 전문대졸(관련 학과) + 실무경력 1년
- 응시 종목과 동일 및 유사 직무 분야 실무경력 4년 등
- 동일 및 유사 직무 분야의 다른 종목 기사 등급 이상 취득자

산업기사
- 기능사 취득 후 + 실무경력 1년
- 대졸(관련 학과) 또는 졸업예정자
- 전문대졸(관련 학과) 또는 졸업예정자
- 응시 종목과 동일 및 유사 직무 분야 실무경력 2년 등
- 동일 및 유사 직무 분야의 다른 종목 산업기사 등급 이상 취득자

기능사
- 자격 제한 없음

기술 기능 분야 응시자격 상세내용은 국가기술자격법 시행령 별표 4의 2 참조.

서비스 분야 1급, 2급 혹은 단일 등급

서비스 분야 응시자격은 종목별로 다르게 운영됩니다.
(전체내역은 국가기술자격법 시행규칙 별표 11의 4 참조)

5. 실기시험 준비물 목록

번호	재료명	규격	수량
1	가위	조리용	1개
2	계량스푼	15ml	1개
3	뒤집게	일반조리용	1개
4	체	일반조리용	1개
5	나무주걱	소	1개
6	계량컵	20ml	1개
7	공기	소	2개
8	국대접	소	2개
9	김발	20cm 정도	1개
10	밀대	소	1개
11	랩, 호일	조리용	1개
12	석쇠	조리용	1개
13	소창 또는 면보	30×30cm	10장
14	숟가락	스테인리스 스틸	2개
15	앞치마	백색	1개
16	위생모 또는 머리수건	백색	1개
17	위생복	백색	1개
18	행주	면	10장
19	젓가락	소독저	2개
20	칼	조리용칼	1개
21	후라이팬	중형	1개
22	국자	일반조리용	1개

6. 실기시험 준비 자세

- 검정시험은 지정된 것을 사용하여야 하며 재료를 시험장 내에 지참할 수 없다.
- 지정된 장소를 이탈할 경우 감독위원의 사전 승인을 받아야 한다.
- 시험 보는 중간에 시험 감독관에게 질문을 하지 않는다.
- 두발, 액세서리, 손톱, 기타 위생을 청결히 한다.
- 지급재료는 1회에 한하여 지급하며 재지급은 하지 않는다. 다만 검정시행 전 수험자가 사전에 지급된 재료를 검수하여 불량 재료 또는 지급량이 부족하다고 판단될 경우 즉시 시험위원에게 통보하여 교환 또는 추가 지급 받도록 한다.
- 지급된 재료는 1인분의 양이므로 주재료 전부를 사용하여 조리하여야 한다.
- 옆사람의 실기작품을 컨닝하지 않고 본인의 의지로 한다.
- 실기시험이 끝나면 자리를 깨끗이 정리한다.

출제기준(필기)

직무분야	음식 서비스	중직무분야	조리	자격 종목	조리기능장	적용기간	2019. 1. 1. ~ 2021. 12. 31.

직무내용: 한식, 양식, 일식, 중식, 복어조리부문의 책임자로서 제공될 음식에 대한 개발 및 계획을 세우고 조리할 재료를 선정, 구입, 검수, 보관 및 저장하며 적절한 조리기구를 선택하여 맛과 영양, 위생적인 음식을 제공, 관리하고, 조리시설, 기구, 조리장과 급식 및 외식 등을 총괄하는 직무

필기검정방법	객관식	문제수	60	시험시간	1시간

필기 과목명	출제 문제수	주요항목	세부항목	세세항목
공중보건, 식품위생 및 관련 법규, 식품학, 조리이론 및 급식관리	60	1. 공중보건	1. 공중보건의 개념	1. 공중보건의 개념
			2. 환경위생 및 환경오염	1. 일광 2. 공기 및 대기오염 3. 상하수도, 오물처리 및 수질오염 4. 소음 및 진동 5. 구충·구서
			3. 산업보건	1. 산업보건의 개념과 직업병관리
			4. 역학 및 질병관리	1. 역학 일반 2. 급만성감염병관리 3. 생활습관병 및 만성질환
			5. 보건관리	1. 보건행정 및 보건통계 2. 인구와 보건 3. 보건영양 4. 모자보건, 성인 및 노인보건 5. 학교보건
		2. 식품위생	1. 식품위생의 개념	1. 식품위생의 개요 2. 행정기구
			2. 식품과 미생물	1. 미생물의 종류와 특성 2. 미생물에 의한 식품의 변질 3. 미생물 관리 4. 미생물에 의한 감염과 면역
			3. 식중독 관리	1. 세균성 식중독 2. 자연독 식중독 3. 화학적 식중독 4. 곰팡이 독소
			4 식품과 감염병	1. 경구감염병 2. 인수공통감염병 3. 식품과 기생충병 4. 식품과 위생동물

필기 과목명	출제 문제수	주요항목	세부항목	세세항목
공중보건, 식품위생 및 관련 법규, 식품학, 조리이론 및 급식관리	60	2. 식품위생	5. 살균 및 소독	1. 물리적 살균 및 소독 2. 화학적 살균 및 소독
			6. 식품첨가물	1. 식품첨가물 일반정보 2. 식품첨가물 규격기준
			7. 유해물질	1. 중금속 2. 조리 및 가공 중의 유해물질
			8. 식품위생관리	1. HACCP, 제조물책임법 등의 개념 및 관리 2. 개인위생관리 3. 급식시설의 위생관리
		3. 식품위생 관련법규	1. 식품위생관련법규	1. 총칙 2. 식품과 식품첨가물 3. 기구와 용기·포장 4. 표시 5. 식품등의 공전 6. 검사 등 7. 영업 8. 조리사 등 9. 시정명령·허가취소 등 행정제재 10. 보칙 11. 벌칙
			2. 농수산물의 원산지 표시에 관한 법규	1. 총칙 2. 원산지 표시 등
		4. 조리이론	1. 조리의 정의와 목적	1. 조리의 정의와 목적 2. 조리과학을 위한 지식
			2. 조리과학	1. 조리의 기본조작 2. 비가열조리 3. 습열조리 4. 건열조리 5. 복합조리
			3. 상차림	1. 상차림 및 식사예절
			4. 식재료의 가공 및 조리	1. 곡류의 가공 및 조리 2. 밀가루의 가공 및 조리 3. 두류의 가공 및 조리 4. 육류의 가공 및 조리 5. 어패류의 가공 및 조리 6. 난류의 가공 및 조리 7. 우유의 가공 및 조리 8. 채소 및 과일의 가공 및 조리 9. 냉동식품의 가공 및 조리 10. 조미료와 향신료

필기 과목명	출제 문제수	주요항목	세부항목	세세항목
공중보건, 식품위생 및 관련 법규, 식품학, 조리이론 및 급식관리	60	5. 급식 및 외식경영 관리	1. 메뉴관리	1. 식품군 및 식사구성안 2. 레시피 작성 3. 메뉴분석 및 개발
			2. 원가관리	1. 원가의 개념 2. 원가분석 및 계산
			3. 식재료 구매 및 검수관리	1. 식재료 구매 및 검수관리 2. 식품 출납관리
			4. 주방관리	1. 작업장의 동선관리 2. 작업장의 안전관리 3. 설비 및 조리기기 관리 4. 인력관리
			5. 급식관리	1. 단체급식의 목적 2. 단체급식의 분류
		6. 식품학	1. 식품과 영양	1. 식품군별 분류 2. 영양소의 기능 및 영양섭취기준
			2. 식품의 영양성분	1. 수분 2. 탄수화물 3. 지질 4. 단백질 5. 무기질 6. 비타민
			3. 식품의 관능성분	1. 식품의 맛 2. 식품의 색 3. 식품의 갈변 4. 식품의 냄새 5. 기타 특수성분
			4. 효소	1. 효소의 분류 및 명명 2. 효소의 특성과 반응 3. 효소의 이용 4. 식품효소의 종류와 특성

출제기준(실기)

직무분야	음식 서비스	중직무분야	조리	자격종목	조리기능장	적용기간	2019. 1. 1. ~ 2021. 12. 31.

○ **직무내용** : 한식, 양식, 일식, 중식, 복어조리부문의 책임자로서 제공될 음식에 대한 개발 및 계획을 세우고 조리할 재료를 선정, 구입, 검수, 보관 및 저장하,며 적절한 조리기구를 선택하여 맛과 영양, 위생적인 음식을 제공, 관리하고, 조리시설, 기구, 조리장과 급식 및 외식 등을 총괄하는 직무

○ **수행준거** : 1. 한식, 양식, 중식, 일식, 복어조리의 고유한 형태와 맛을 표현할 수 있다.(한식조리는 공통으로 하며, 양식, 일식, 중식, 복어조리 중 택1)
2. 식재료의 특성을 이해하고 용도에 맞게 손질할 수 있다.
3. 레시피를 정확하게 숙지하고 적절한 도구 및 기구를 사용할 수 있다.
4. 조리기술을 능숙하게 할 수 있다.
5. 조리과정이 위생적이고, 정리정돈을 잘 할 수 있다.

실기검정방법	작업형	시험시간	5시간 정도

실기 과목명	주요항목	세부항목	세세항목
조리 작업	1. 조리기초작업	1. 식재료 식별하기	1. 식재료의 상태를 식별할 수 있다.
		2. 식재료별 기초손질 및 모양 썰기	1. 식재료를 각 음식의 형태와 특징에 따라 분류하고 손질할 수 있다.
		3. 숙련된 기술로 조리하기	1. 숙련된 기술로 정해진 시간 내에 조리할 수 있다.
	2. 한식조리작업	1. 밥·죽류 조리하기	1. 재료를 준비하고 능숙하게 밥, 죽류를 조리할 수 있다.
		2. 한식면류 조리하기	1. 재료를 준비하고 능숙하게 한식면류를 조리할 수 있다.
		3. 국과 탕류 조리하기	1. 재료를 준비하고 능숙하게 국과 탕류를 조리할 수 있다.
		4. 전골과 찌개류 조리하기	1. 재료를 준비하고 능숙하게 전골과 찌개류를 조리할 수 있다.
		5. 찜과 선류 조리하기	1. 재료를 준비하고 능숙하게 찜과 선류를 조리할 수 있다.
		6. 생채·숙채·회류 조리하기	1. 재료를 준비하고 능숙하게 생채·숙채·회류를 조리할 수 있다.
		7. 전, 적, 구이, 튀김 조리하기	1. 재료를 준비하고 능숙하게 전, 적, 구이, 튀김을 조리할 수 있다.
		8. 조림, 초, 볶음류 조리하기	1. 재료를 준비하고 능숙하게 조림, 초, 볶음류를 조리할 수 있다.
		9. 마른찬류 조리하기	1. 재료를 준비하고 능숙하게 마른찬류를 조리할 수 있다.

실기 과목명	주요항목	세부항목	세세항목
조리 작업	2. 한식조리작업	10. 장아찌류 조리하기	1. 재료를 준비하고 능숙하게 장아찌류를 조리할 수 있다.
		11. 한과류 조리하기	1. 재료를 준비하고 능숙하게 한과류를 조리할 수 있다.
		12. 김치류 조리하기	1. 재료를 준비하고 능숙하게 김치류를 조리할 수 있다.
		13. 음청류 조리하기	1. 재료를 준비하고 능숙하게 음청류를 조리할 수 있다.
	3. 양식조리작업	1. 스톡 조리하기	1. 재료를 준비하고 능숙하게 스톡류를 조리할 수 있다.
		2. 소스조리하기	1. 재료를 준비하고 능숙하게 소스류를 조리할 수 있다.
		3. 수프조리하기	1. 재료를 준비하고 능숙하게 수프류를 조리할 수 있다.
		4. 전채요리 조리하기	1. 재료를 준비하고 능숙하게 전채류를 조리할 수 있다.
		5. 샐러드 조리하기	1. 재료를 준비하고 능숙하게 샐러드류를 조리할 수 있다.
		6. 어패류 요리 조리하기	1. 재료를 준비하고 능숙하게 어패류요리를 조리할 수 있다.
		7. 육류요리 조리하기	1. 재료를 준비하고 능숙하게 육류를 조리할 수 있다.
		8. 면류(파스타) 조리하기	1. 재료를 준비하고 능숙하게 파스타류를 조리할 수 있다.
		9. 조식요리 조리하기	1. 재료를 준비하고 능숙하게 조식요리를 조리할 수 있다.
		10. 채소류 요리 조리하기	1. 재료를 준비하고 능숙하게 채소류요리를 조리할 수 있다.
		11. 쌀 요리 조리하기	1. 재료를 준비하고 능숙하게 쌀요리를 조리할 수 있다.
		12. 후식 조리하기	1. 재료를 준비하고 능숙하게 후식을 조리할 수 있다.
	4. 중식조리작업	1. 전채류 조리하기	1. 재료를 준비하고 능숙하게 전채류를 조리할 수 있다.
		2. 생선류 조리하기	1. 재료를 준비하고 능숙하게 생선류를 조리할 수 있다.
		3. 육류 조리하기	1. 재료를 준비하고 능숙하게 육류를 조리할 수 있다.
		4. 가금류 조리하기	1. 재료를 준비하고 능숙하게 가금류를 조리할 수 있다.
		5. 난류 조리하기	1. 재료를 준비하고 능숙하게 난류를 조리할 수 있다.
		6. 채소류 조리하기	1. 재료를 준비하고 능숙하게 채소류를 조리할 수 있다.
		7. 두부류 조리하기	1. 재료를 준비하고 능숙하게 두부류를 조리할 수 있다.
		8. 해산물류 조리하기	1. 재료를 준비하고 능숙하게 해산물류를 조리할 수 있다.

실기 과목명	주요항목	세부항목	세세항목
조리 작업	4. 중식조리작업	9. 중식 면조리하기	1. 재료를 준비하고 능숙하게 중식 면을 조리할 수 있다.
		10. 중식 밥조리하기	1. 재료를 준비하고 능숙하게 중식 밥을 조리할 수 있다.
		11. 수프, 탕류 조리하기	1. 재료를 준비하고 능숙하게 수프, 탕류를 조리할 수 있다.
		12. 딤섬류 조리하기	1. 재료를 준비하고 능숙하게 딤섬류를 조리할 수 있다.
		13. 중식 후식조리하기	1. 재료를 준비하고 능숙하게 후식조리를 할 수 있다.
		14. 중식 식품조각하기	1. 재료를 준비하고 능숙하게 식품조각을 할 수 있다.
		15. 죽 조리하기	1. 재료를 준비하고 능숙하게 죽을 조리할 수 있다.
		16. 기타 조리하기	1. 기타 요리에 대하여 재료를 준비하고 능숙하게 조리할 수 있다.
	5. 일식조리작업	1. 무침류 조리하기	1. 재료를 준비하고 능숙하게 무침류를 조리할 수 있다.
		2. 국류 조리하기	1. 재료를 준비하고 능숙하게 국류를 조리할 수 있다.
		3. 회류 조리하기	1. 재료를 준비하고 능숙하게 회류를 조리할 수 있다.
		4. 조림류 조리하기	1. 재료를 준비하고 능숙하게 조림류를 조리할 수 있다.
		5. 구이류 조리하기	1. 재료를 준비하고 능숙하게 구이류를 조리할 수 있다.
		6. 튀김류 조리하기	1. 재료를 준비하고 능숙하게 튀김류를 조리할 수 있다.
		7. 찜류 조리하기	1. 재료를 준비하고 능숙하게 찜류를 조리할 수 있다.
		8. 초무침류 조리하기	1. 재료를 준비하고 능숙하게 초무침류를 조리할 수 있다.
		9. 후식 조리하기	1. 재료를 준비하고 능숙하게 후식을 조리할 수 있다.
		10. 일품요리 조리하기	1. 재료를 준비하고 능숙하게 일품요리를 조리할 수 있다.
		11. 도시락 조리하기	1. 재료를 준비하고 능숙하게 도시락요리를 조리할 수 있다.
		12. 초밥류 조리하기	1. 재료를 준비하고 능숙하게 초밥류를 조리할 수 있다.
		13. 면류 조리하기	1. 재료를 준비하고 능숙하게 면류를 조리할 수 있다.
		14. 볶음류 조리하기	1. 재료를 준비하고 능숙하게 볶음류를 조리할 수 있다.
		15. 냄비류 조리하기	1. 재료를 준비하고 능숙하게 냄비류를 조리할 수 있다.
		16. 죽 조리하기	1. 재료를 준비하고 능숙하게 죽을 조리할 수 있다.

실기 과목명	주요항목	세부항목	세세항목
조리 작업	6. 복어조리작업	1. 어종감별하기	1. 복어의 계절별 유독성분의 어종구분을 할 수 있다. 2. 복어의 명칭구분을 할 수 있다.
		2. 독성제거하기	1. 복어의 독성 제거작업을 할 수 있다. 2. 가식부위와 불가식부위를 구분 할 수 있다.
		3. 복어초회 조리하기	1. 재료를 준비하고 능숙하게 복어초회를 조리할 수 있다.
		4. 복어 껍질굳힘 조리하기	1. 재료를 준비하고 능숙하게 복어 굳힘을 조리할 수 있다.
		5. 복어 맑은탕 조리하기	1. 재료를 준비하고 능숙하게 복어 맑은탕을 조리할 수 있다.
		6. 복어 회 조리하기	1. 재료를 준비하고 능숙하게 회 요리를 조리할 수 있다.
		7. 복어 튀김 조리하기	1. 재료를 준비하고 능숙하게 튀김류 요리를 조리할 수 있다.
		8. 복어 초밥조리하기	1. 재료를 준비하고 능숙하게 복어초밥을 조리할 수 있다.
		9. 복어 구이조리	1. 재료를 준비하고 능숙하게 복어구이를 조리할 수 있다.
		10. 복어 찜 조리하기	1. 재료를 준비하고 능숙하게 복어찜을 조리할 수 있다.
		11. 복어 죽 조리하기	1. 재료를 준비하고 능숙하게 복어죽을 조리할 수 있다.
	7. 상차림	1. 상차림하기	1. 적절한 그릇에 담는 원칙에 따라 음식을 모양 있게 담아 음식의 특성을 살려 낼 수 있다. 2. 음식이 놓여지는 위치를 알고 배선할 수 있다.
	8. 조리작업관리	1. 조리작업위생관리하기	1. 조리복·위생모 착용 등 개인위생 및 청결 상태를 유지할 수 있다. 2. 식재료를 청결하게 취급하며 전 조리과정을 위생적으로 정리정돈하고 관리할 수 있다.

참고문헌

강인희, 한국인의 보양식, 대한교과서, 1995.
강현우 외, 한국 전통 음식문화 한식 조리기능사, 효일출판사, 2009.
강현우, 고급한식요리특선, 도서출판 유강, 2014.
김경자 외, 한식의 맛, 전통의 멋, 백산출판사, 2019.
김덕희 외, 조리기능장실기, 백산출판사, 2008.
김상보, 조선왕조 궁중의궤 음식문화, 수학사, 1996.
김지연 외, 이것만은 알아야 할 한국요리, 형설출판사, 2009.
문화관광부, 한국 전통 음식, 2000.
신미혜 외, 한국의 전통 음식, 백산출판사, 2010.
신재용, 한국인의 건강식, 동화문화사, 1990.
양진상 외, 조리기능장 한식실기, ㈜다이어리알, 2018.
염초애 외, 한국음식, 효일문화사, 1992.
윤숙자 외, 한국음식 기초 조리, 지구문화사, 2008.
윤숙자, 한국의 떡 한과 음청류, 지구문화사, 1990.
이영순, 조리기능장실기 한식편, 일진사, 2009.
임인숙 외, 한국전통음식의 맛, 경록, 2020.
전경철 외, 조리기능장실기 시험문제 한식편, 크라운출판사, 2011.
전희정, 현대 한국음식 용어사전, 지구문화사, 2002.
정해옥, 한국음식의 이해, 교학연구사, 2000.
한국 전통 음식연구소, 아름다운 한국음식 300선, 한림출판사, 2008.
한복려, 집에서 만드는 궁중음식, 청림출판사, 2004.
황혜성 외, 조선왕조 궁중음식, (사)궁중음식연구원, 2008.
황혜성 외, 한국 음식대간 6권, 한국문화재 보호재단, 1997.
황혜성, 한국의 전통음식, 사단법인 궁중음식연구원, 1993.

최신 조리기능장 한식 실기

초 판 인 쇄	2021년 03월 20일
초 판 발 행	2021년 03월 25일

저 자	이우철
발 행 인	최현동
발 행 처	신지원
전 화	(02)2013-8080
팩 스	(02)2013-8080
등 록	제16-1242호
주 소	07532 서울특별시 강서구 양천로 551-17, 813호(가양동, 한화비즈메트로 1차)

ISBN 979-11-6633-055-1

정가 35,000원

잘못된 책은 교환해 드립니다.
저자와 협의하에 인지를 생략합니다.

본 책의 무단복제 행위는 저작권법에 의거 5년 이하의 징역 또는 8,000만원 이하의 벌금에 처하거나 이를 병과할 수 있습니다.